极致服务指导手册

给顾客一个选择你的理由

赵珂僮 著

图书在版编目（CIP）数据

极致服务指导手册：给顾客一个选择你的理由 / 赵珂僮著 . -- 北京：中信出版社，2018.5（2025.2重印）
ISBN 978-7-5086-8563-2

I. ①极… II. ①赵… III. ①服务业－企业管理－手册 IV. ① F719-62

中国版本图书馆 CIP 数据核字（2018）第 017210 号

极致服务指导手册——给顾客一个选择你的理由

著　　者：赵珂僮
出版发行：中信出版集团股份有限公司
（北京市朝阳区东三环北路 27 号嘉铭中心　邮编　100020）
承 印 者：北京通州皇家印刷厂

开　　本：880mm×1230mm　1/32　　印　　张：8　　字　　数：162 千字
版　　次：2018 年 5 月第 1 版　　印　　次：2025 年 2 月第16 次印刷
书　　号：ISBN 978-7-5086-8563-2
定　　价：39.00 元

目　录

第三章
99%的服务人员不懂沟通

第四章
服务视角下的品牌策略

第五章
打造极致的服务团队

第六章
建立企业服务文化

第七章
服务精神的本土案例

附　录
服务精神实践手册

推荐序　没有风口的年代，服务是唯一的风口

我做了 20 年书店，珂僮做了 20 年咖啡馆。如果要寻找讲述“中国服务”故事的人，我想我们俩可能还是有一点发言权的。

卖书、卖咖啡都是慢生意。书要一本一本卖，咖啡要一杯一杯做，很难有什么“爆发性”增长。这 20 年来，我们在中国见识了一个个“风口”的崛起，互联网、房地产、金融、智能硬件，造就了一大批高速成长的企业和一大批一夜暴富的亿万富翁。

像书店、咖啡馆这些行业，或者把范围再扩展一下——服务业，却基本上是以“日拱一卒”的状态在发展着。但说实话，这些行业才算是一个国家经济的“基本面”，也创造了大部分的就业，养活了数以亿万计的蓝领们。

然而，无论在国家政策层面，还是在媒体传播层面，这些行业都并没有获得足够的关注。直到最近几年，随着中国整体经济形态

的变化，以及类似于“日式服务”“海底捞”等关键词的出现，“服务”才真正开始进入公众视野。

但是，对服务该如何做，以及企业如何以服务视角创造附加值的总结和探索，在中国还是很少的。本来，在这方面我也有很多想说的话，可我是一个比较懒惰的人。还好，珂僮比较勤奋，用了很大的精力梳理、总结自己对服务业长达 20 年的观察和思考，这才有了这本《极致服务指导手册》。

之前我们总说，“服务就是细节”。这无疑点中了服务的一个重要基准面。书店、咖啡馆等，不同于房地产、互联网的狂飙突进，是靠一点一点的细节精进来吸引顾客的。在这本书中，我们可以读到珂僮在 20 年的实践中所积累的关于服务每一个侧面的宝贵经验，从沟通的有效性，到服务流程的优化，到团队服务能力的构建……这些都是很接地气、有操作性的“干货”。

另一方面，在今天，“服务业”边界已经发生了很大的变化。尤其是随着新技术的崛起，所有行业都在向“服务业”进化。包括在农村包一个山头种橙子、种苹果，也需要开始从消费者角度考虑外观、品牌认知、流通配送等问题——这就是“服务的思维”。珂僮在书里把这句话说了出来：服务是一种思维方式。

未来，所有的企业可能都需要以这种思维方式来思考自己的商业模式、团队架构与管理、品牌塑造等。这些更偏向于理论性的思考，在书中也有体现。

珂僮在这本书里所做的工作，我觉得是比较有探索性的。直到今天，“服务”和“服务理论”的边界并不清晰，理论与实践的边界也比较模糊。我在书中看到，珂僮已经尽了最大的努力，来兼顾、整合服务理论与实践。我不认为这种整合是完美的，但我认为它的探索意义或者说启发意义是巨大的。

我认为，在今天的中国商业领域，狂飙突进的时代已经结束，中国已经走入“后泡沫时代”。在这种情况下，“风口”的意义也将发生变化。类似于“站在风口上，猪也能飞起来”这种意义上的“风口”将不复存在。

在没有风口的时代，以服务的视角和思维，日复一日地推进企业服务能力的建设，可能是我们在未来获胜的唯一法门。因此，我在这里向所有服务类企业推荐这本既有观念也有方法的书。

龙之媒、快书包创始人　徐智明

自序　靠服务过上有尊严的生活

初中的时候，我的“理想”是成为一名幼师。这个“理想”是我的父亲替我定下的，因为我从小就不是一个善于读书学习的“好”学生。父亲认为，我这个样子是绝对考不上高中、大学的，尤其是在江苏这样的高考大省。与其坐待“落榜”，还不如提前找好出路，读一个“幼儿师范高等专科学校”，读下来就能找一份幼师的工作，而那时幼师的工资好像还不错。遗憾的是，我连幼儿师范都没有考上。面试很顺利地通过了，但笔试差了 20 分。

后来我读了另外一所专科学校——南京旅游职业学院，在那里，我遇到了改变我一生的机会。当时的旅游职业学院普遍都有名为“国际交换生”的留学机会，可以到国外一边打工一边读书。可能与今天的交换生项目不同，那时的国际交换更像是中国的劳务输出，我们实际上就相当于出国打工。就这样，我一下子飞到了新加坡，开始做服务生。那是 1994 年，我 17 岁。

我的工作地点是一艘丽星邮轮的中餐厅。丽星邮轮是马来西亚“赌王”、云顶集团创始人、福建人林梧桐创立的豪华邮轮品牌，邮轮上有丰富的餐饮和娱乐设施，最重要的是，客人可以在公海上合法赌博。

现在回想起来，那时候邮轮上的服务和管理水准绝对是一流的，放到今天也是。我在邮轮中餐厅工作了不到一个月，就把当时的经理给得罪了。得罪他的原因是，我觉得他老是“欺负”中国人，认为中国人比较土、笨。事后回想起来，他的“欺负”有时候更多是专业上和工作上的“指摘”，比如像泡茶的时候分不清普洱茶和茉莉花茶分别该用哪个壶。但我那时候年轻，总看不惯他趾高气扬的样子，所以跟他起了正面冲突，他就把我“贬”到了西餐厅。

为什么说是“贬”呢？因为中国人在那边还是很抱团的，中餐厅的服务人员中，中国人比较多，而西餐厅里更多的是马来西亚人、越南人、缅甸人、尼泊尔人等。这时候，各国人之间那种微妙的民族意识就开始发挥作用了。当时，中国人到国外留学的情况还不多，大家对中国人的印象还停留在一个比较原始的阶段，所以中国人在新加坡的地位不高。在那种工作环境里，中国人甚至比不上越南人、尼泊尔人。

说自己被“贬”的另一个原因，是我的工作也从服务生变成了“运送盘子的人”。西餐厅的自助餐台需要有人不断地运送干净的餐具过去，并把脏盘子收拾到后厨，因为需要一直推着很重的工具车，所以一直以来这个岗位都是男孩子做的。中餐厅的经理为了教训我，就把我调到了这样一个比较费体力的工作岗位上。

所以那时候我每天都很疲惫，唯一的精神支撑就是妈妈的照片。当时我们住的员工宿舍是六人间，我把妈妈的照片贴在了床头的墙上，每天回去看一眼都觉得是个安慰。后来有一天，这张唯一的照片不知怎么就弄丢了，我当即在宿舍里号啕大哭，仿佛自己突然就变成了没爹没娘的孩子。当时给家里寄一封信需要 10 天的时间，一个来回就是 20 天。在等待我妈重新给我寄照片的日子里，我无时无刻不想立即飞回家去。但一想到机票要花 7000 元钱，就又忍住了。

就这样运送了三四个月的空盘子，自己也攒了几百美元，我就抱着破釜沉舟的心态找到了邮轮的总经理，向他投诉中餐厅的经理，没想到这一下子改变了中国人在他心中的懦弱形象。我敢于申诉，反而让他觉得我值得尊重和重视。于是我又被调回中餐厅担任迎宾。我每天站在餐厅门口给客人安排座位，身上挂着对讲机，手里拿着一张餐厅的平面图。迎宾员并不像看起来那么简单，因为客人永远比座位多，需要根据客人的特点和需求合理地协调位子，比如 Mr. Lin（林先生）总是坐在靠窗的位子，Mr. Chuang（庄先生）一家需要把两张桌子并到一起，要根据现场情况决定合并哪两张桌子是最好的，等等。

半年后，中餐厅经理请我到酒吧喝酒，突然对我说："把你的手给我。”我不知道是怎么回事，但还是伸出一只手给他。他拿起我的手，很缓慢地在我手心里写了一个词：sorry（对不起）。他一写完我就泪如雨下。他又跑到吧台点了两瓶喜力，递给我一瓶，对我说：“我要把你提升为领班，让我们庆祝一下。”于是从第二天起，我脱下了穿了半年多的旗袍，换上了领班的制服——白衬衣，黑裙子。

从那天开始，我的职业生涯走上了快车道，一路从领班做到了餐厅经理，并且又申请读了一个酒店管理专业的文凭。这个过程中，我也吃了不少苦，每天要站 14 个小时，脚底的一个小水疱变成了一大块老茧。这都不是别人要求我做的，而是我自己特别想把事情做好。在我做领班的时候，我会提前一个小时起床，把当天值班的服务员全部叫起来，这样就没有人会迟到。下班的时候，我也是做完最后的检查和盘点再走，唯恐别人说我做得不够好。

最后，我做到了整个餐饮部门的经理，直接管理邮轮两层的空间，包括中餐、日餐、法餐、印度餐四个餐厅，一个酒吧和一个 lounge（提供咖啡、鸡尾酒等饮品的高端咖啡厅或酒吧，直译过来就是“贵宾休息室”）。我能用熟练的“新加坡英语”与管理层开会沟通，每月的工资是 1800 美元，按当年的汇率约是 20 000 元人民币。那年我 19 岁。

后来我到澳大利亚进修，接着回国创业，到今天快 20 年了，一直没有脱离服务一线。在这个过程中，我也凭借自己的专业能力过上了应该算是中产阶层的生活。

但看着中国当下的服务行业，又有很多让人忧心的地方。一方面，整个大环境对“服务”的理解还比较浅薄，社会公众甚至包括企业管理人员都对服务行业、服务人员有一些偏见；另一方面，服务人员的专业素质整体上堪忧，很多从业者自己也不是很理解服务的价值，也不太相信靠服务能过上比较好的、有尊严的生活。

这就是我为什么想写这样一本有关服务业和服务精神的书，把自己从业多年来积累的一些行业洞察、经验和方法分享给所有服务业的同人。我翻了一圈市场上有关服务的书，却没有发现成系统的本土著作，教大家如何做服务，如何依靠服务赢利，如何依靠服务提升品牌价值。

同时，在这本书里，我想告诉大家，服务业不是没有专业门槛的职业，而是有其自身的逻辑、标准和方法的。如果企业能够从服务精神的角度理解顾客并满足顾客的需求，将得到更好的发展；如果服务业从业者，尤其是一线的服务人员，能够持续地修炼自己，也完全可以通过服务过上有尊严的生活，并实现人生价值——起码我自己的路就是这样一个盘子一个盘子端出来的。

第一章

服务精神让你赢利

“消费升级”的时代到来了，我们正在从“商品消费”提升至“品质消费”“共享消费”等——这是对消费者而言。对于产品、服务的提供者，对于企业家、生意人，“消费升级”又意味着什么？作为一位企业管理者，最直接的感受就是市场在倒逼着我们进行“服务升级”——尤其是在这个资讯极其发达的年代，一锤子买卖、表层合作必将式微。在未来，所有行业都是服务业。

我用服务提升 10 倍营业额

过去十几年来，我的主业是做咖啡馆——所以很多人以为我是“卖咖啡”的。但我每次都要耐心解释一下，我不是卖咖啡的——我既不搞咖啡豆批发，也不是专业咖啡师。我自己做的精品咖啡，可能还不如一个刚学过两年的新手做得好。但说到开咖啡馆，我可以自豪地说，我不输任何专业人士，不管是咖啡豆专家还是咖啡制作专家——因为我是做服务的专家。

我刚回国的时候，加入了刚创办不久的雕刻时光咖啡馆，承担了大部分管理和培训工作。当时，雕刻时光在著名的北京香山开了一家直营店，成为中国咖啡行业试水景区的一个经典案例。

当时大部分人都不看好那块地方。为什么呢？因为香山是著名的景区。一讲到景区店，你可能首先想到的是人山人海的火爆场面，那都是潜在的收入啊。大家玩儿累了，总要找个地方歇歇脚吧，咖啡馆简直是最好的场所了。

但实际上，在景区做过生意的人都知道，景区的生意不好做。首先，好的景区租金不便宜；其次，淡旺季很明显，像香山，秋天一个季度的客流量占了全年的一大半，所以是冰火两重天。在我们接下这个店之前，曾有好几个做餐饮的同业去看了那个地方，但最后都没有接手。

最终，我们不仅成功地让香山店实现了赢利，而且将其做成了雕刻时光最具代表性的品牌旗舰店之一。这是如何做到的呢？因为我们凭直觉抓住了一个服务上的痛点。景区的产品已经给人留下了性价比不高的固有印象，仿佛大家出去旅游就已经做好了被宰的准备。至今还有很多景区的咖啡馆使用速溶咖啡，很多景区的小店甚至不敢亮出自己的品牌。这种不是很健康的业态反而是一个机会，因为客人本身的期待不是很高，如果你能做到业内平均水平甚至优秀水平，那就会给人留下很深刻的印象。

所以我们就在服务上下功夫。当时香山的大多数店铺都有强制消费，进去坐一坐就得点单。我们直接取消了这一条，让客人有绝对的自主权。很多客人进店就想休息一下，我们不仅不赶人或者强迫客人消费，而且会免费端上一杯柠檬水。客人在心理上一下子就获得了安全感，感觉非常舒服。很多客人坐了一会儿，就会拿起菜单看一看，发现我们的价格并没有特别贵，就开始主动点单了。他们试了一下我们的产品，发现质量还不错，于是心理满意度又提升了一档。我们的口碑慢慢就扩散出去了。

跟商场里的店铺不同，去爬山、游玩的客人，不太在乎服务人员的“颜值”，更重视的是服务能不能让他们舒服。所以我们请了一些稍微上点年纪的“阿姨”做服务员，这些人给人的感觉比较亲切，人力成本也比较低。

我们还收养了很多流浪猫。有些喜欢猫的客人，甚至主动带着猫粮到店里帮我们喂猫。

到后来，香山店的口碑越来越好，很多客人甚至慕名而来，不是为了爬山，只是为了到咖啡馆喝杯咖啡，看看山景。

第一个月，我们大概完成了 2 万 ~3 万的营业额。到第三年的时候，每月的营业额已经达到了 20 万 ~30 万。我们就这样把一个所有人都不看好的店铺，变成了雕刻时光的一头“现金牛”。

这个店为什么成功？是我们的咖啡豆特别新鲜，还是我们的桌椅别具一格？都不是。让我们“咸鱼翻身”的，是我们的服务。这两年有一个关键词很火：消费升级。在过去几十年间，中国的消费市场一直在追求更低的成本和更高的效率，想为产品卖出更高的价格。所有人都意识到了某种变化正在发生，认为我们需要“升级”。但“升级”的方向在哪里？目标在哪里？是要求我们的互联网企业超越硅谷，还是我们的精密工业超过德国，抑或是我们的“工匠精神”超过日本？

在我们大谈特谈“消费升级”的当下，我们的企业却并没有一个明确的方向，也没有足以支撑这种升级的企业战略。

我觉得有一个重要的方向被我们忽略了——消费背后的服务升级。

产品的创新与迭代可能需要一个较长的周期，因为它需要科技、研发等一系列“硬功”的支撑，但服务的优化和提升却不需要。如果具备了服务的意识，同时掌握了一定的方法，“服务升级”所能带来的附加值将是惊人的。

君不见，美国的服务业早已占据了国民生产总值的大半，东南亚各国、日本、韩国也依靠优质的服务创造了大量的外汇。而中国这样一个庞大的经济体，如果能进行一场服务的升级和革命，将改变企业与顾客之间的关系，实业经济也将迎来它的第二春。

台湾王品集团靠“服务制胜”

王品集团是一家多品牌连锁企业，在很短的时间内迅速在台湾地区崛起，旗下拥有牛排、日本料理、原烧烧肉、铁板料理等12个餐饮品牌。消费者普遍认为王品集团产品美味、价格实惠、环境优雅，但每一项都不是最好的：它的牛排不是最美味的，日本料理不是最便宜的，原烧烧肉也不是用餐环境最好的……但是，它却成为台湾首屈一指的连锁型餐饮企业。其中的关键，便在于其不断迭代、优化的服务。持续领先的优质服务，让王品集团形成了一种统一的氛围，所以即便子品牌众多，也没有出现一般多品牌企业顾此失彼的现象。服务成为王品集团画龙点睛、跃升卓越的关键诀窍。

从产品驱动到服务驱动

没有十全十美的产品，但有百分之百的服务。

——张瑞敏

你有没有过这样的经历：你去找一位朋友谈事情，两人约在了对方办公室楼下的一家咖啡馆，还没到约定好的时间，你决定先打开电脑工作一会儿。电脑打开了，在给电脑插电源的时候发现，桌子下面的地插坏了。你抬起头来，想找一位服务人员说一下，但没人注意到你的目光。你只好到吧台询问服务员，哪里有能用的电源插头，然后你换了一张桌子，把书包和电脑搬了过去。最后，咖啡终于上来了——的确是非常好喝的咖啡，但它的味道已经大打折扣。

我只想要一个合格的地插。

这是多少客人内心的呼声呀！一个地插可能是很小的一件事情，但它代表的是一种服务的态度。

这样的故事，每天都发生无数次。包括很多已经开了咖啡馆的老板也没有意识到，一个顾客买单了，并不代表他是满意的。如果你只关注每天的营业额，顾客很可能正在离你而去。有些业主直到企业倒闭，也没弄清楚为什么客人突然就不来了。

我想认真地讲出一个观点：产品和服务之间没有界限，或者说，产品将会变成服务的一种工具或附属物。

这个观点可能会引起一些专业人士的反感，但如果我们诚恳地思考一下自己的行业，我们能够大声说出“顾客是在为我的产品买单”吗？相信有这个自信的企业会越来越少。

当下的商业形势已跳出了简单的产品驱动，也走过了靠价格血拼的红海时代。如果两家企业的产品、实力、品牌、技术、人员都没有什么差异，那么顾客为什么要选择你？即便你的产品质量或价格与同行相比具有一定的优势，但也不能保证可以建立长期的竞争优势。在这种背景下，“服务驱动”型的企业开始显露出其优势。

以酒店服务业为例。酒店，顾名思义，原来就是卖酒的地方，但卖酒后来带来了衍生服务。有客人要吃下酒菜，于是酒店就渐渐做起了饭店生意；有客人喝醉了之后回不了家，要找地方住下，于是酒店又渐渐做起了旅馆生意。有外地客人入住酒店是为了开会，既然这样，何不在酒店内直接开会呢——现代酒店的雏形由此而生，成为提供餐饮、住宿、会议服务的场所。

将产品纳入服务体系的范畴，意味着一种商业模式的深刻转变：核心产品的特性、价格、产品形象是成功的先决条件，但仅有这一点是远远不够的，企业要想成功，还必须向顾客提供完整和富有创新性的服务解决方案，而这种服务的模式必须基于与顾客保持长期关系。

在服务精神的指引下，企业的顾客战略也必须进行思路的转变。传统的企业营销思路是来源于工业的逻辑，即价值产生于“交换”：企业生产产品（价值），然后将其成果传递给顾客。而“服务战略”却将顾客纳入价值体系，认为价值并不是产品本身，而是顾客在使用产品或服务的过程中与商户一起创造出来的。

两种不同的观念导致了两种不同的营销思路：传统战略将顾客当作需要被征服的对象，试图说服顾客做出付费的决定；而“服务战略”将顾客视为一种资源，一种创造价值的资源，企业是在和顾客合作的过程中为顾客创造价值，满足他们的要求并解决他们所面临的问题。从这种意义上说，商业的本质是建立企业与顾客的一致利益。

如今，为顾客提供更优质的服务已经成为大家的共识，但这更多还只是停留在表面，很多基础的问题我们还没有梳理清楚，比如何谓服务精神，服务精神的内核是什么，优质服务的标准是什么，如何实现高标准的服务，以及如何平衡人力投入和服务产出之间的关系。这些问题不解决，我们所探讨的服务精神仍然只是停留在口头上。我们接下来要探讨的，就是如何从理论和实践操作上厘清服务精神的基本逻辑，提供一套可操作的解决方案，以及共享一些我们可以参考并学习的具体案例。

传统商业关注的 4P	服务精神视角下的 4C
产品（product）	顾客解决方案（customer solution）
价格（price）	顾客消费成本（customer cost）
促销（promotion）	沟通（communication）
渠道（place）	便利（convenience）

客服是机会而不是成本

服务是苏宁的唯一产品。

——张近东

时间是最好的服务

2016年，南美洲某航空公司飞往美国洛杉矶的某班机在飞抵洛杉矶机场四小时前，突然收到来自劳斯莱斯服务人员的信息，告诉其飞机发动机运作数据有异常，降落后应立即检修。飞机落地后，劳斯莱斯维修人员已在机场待命，只花了两三个小时就解决了问题，没有延误飞机的下一个航程。

提起劳斯莱斯，大家肯定首先想到的是超级豪华的元首级轿车，但其实劳斯莱斯不只造汽车，其名下的劳斯莱斯航空发动机才是其支柱产业。一架崭新的飞机，发动机的成本就要占到 20%，仅一次进厂维修（相当于一次汽车的保养）就要花费约 100 万美元。对于航空公司来说，维修发动机或采购一个发动机零件的成本都是非常高昂的——这也是传统生意的做法：卖产品的同时，将售后部件更换变成一项高利润业务。因此，航空公司为此怨声载道。

1997 年，为了提升竞争力，劳斯莱斯推出了全面维护（total care）计划，不再单纯地向飞机买家卖发动机，而是按照发动机可用小时数来签合同，也就是“卖飞行时间和保养服务”。在合同时间内，劳斯莱斯确保发动机处于完美状态。此举大受航空公司好评，一下子改写了航空发动机产业的游戏规则。

年轻的朋友可能不知道，过去企业和家庭安装座机电话是需要支付“初装费”的，也就是上门安装电话机的费用，价格从几百元到几千元不等。现在呢？电信运营商要努力推销电话服务，不仅不收初装费，机器都是免费的，甚至还会赠送话费。

这种变化也代表了家电行业整体的发展趋势：过去，家电企业将服务视为“成本”，是产品销售的附属品，要么尽量减少售后服务的期限，要么对服务质量不够重视，或者将服务作为提升产品利润的一种手段，以各种名目向顾客收取费用，包括上门费、安装费、材料费、配件费等，带着一种“雁过拔毛”的心态与顾客打交道。

这些年来，形势已经发生了变化，越来越多的家电企业开始由“产品制造者”向“服务运营商”转型。企业已经认识到，对于顾客来说，购买家电的过程就是购买服务的过程，销售、送货、安装、售后构成了服务的连贯内容。让顾客为服务买单，传统的“卖零件”模式将走到尽头，因为顾客是为服务合同买单，更换部件将成为企业的成本而非利润，倒逼企业最大限度地优化生产结构并提升顾客全流程的购物体验，自然也会进一步提升企业的核心竞争力。

由产品到服务的变化不仅出现在家电领域，也是各个行业共同的变化趋势，只不过是速度有快有慢而已。

比如最近几年出现并急速“蹿红”的共享单车，其实说到底遵循的也是同样的逻辑，消费者无须为“硬件”——即单车本身付费，而是为单车所能提供的服务——便捷地取车、用车、停车而付费，所以计价单位也是时间、里程而非单车本身。无论共享单车项目最后能走多远，这种思维转换本身的价值都是巨大的。

再以我熟悉的餐饮行业为例。不知道大家有没有注意到，连麦当劳和星巴克这样依托于强势产品的企业也开始讲服务了，出现了一批“送餐到桌”的门店。

这是一个很有意思的变化。一方面，移动互联网的快速崛起可以让餐饮企业在下单流程上节省大量人力成本。还是以麦当劳为例，很多门店已经设置了自助点餐机，客人可以自助点单。另一方面，不论你是自助点餐还是在柜台点餐，都可以选择麦当劳提供的“送餐到桌”服务。选择该项服务后，你只要拿着定位器去找一个中意的位置坐下，穿着粉色上衣的麦当劳服务人员就会替你把食物端上餐桌。他们属于麦当劳为了推进“未来 2.0”增设的一个岗位——品牌大使，除了送餐到桌，还提供派对主持等服务。毫无疑问，这又是提高人力成本的举措。

但这里面并没有矛盾：对于“下单”这种完全流程化、标准化的环节，尽量用机器取代人工，因为它体现不了太多服务上的差别；但在可以直接改善就餐体验的环节，则不惜投入更多人力成本——即便在人力成本越来越高的当下。

对于巨头麦当劳来说，这是一个重大的战略和流程转型。战略转变是牵一发而动全身的事情，麦当劳想提供派对等服务，必然意味着其门店在整体的选址、空间规划和装修设计上都要进行转型。可以预计，未来将有更多的企业进行服务导向的业务流程重组。

能否以服务为导向，获取竞争优势，踏上全新旅程，取决于我们是否已经为这个重大的业务转型做好了准备。

以服务质量为导向进行财务测算

“赵总，我想开个咖啡馆，你看得多少钱？”

这几年，我已经听过无数次这个问题。说实话，这个问题让人有些头大。开个咖啡馆，20 万元能开，200 万元也能开，这要看你的定位、选址、面积、设备、产品定价等一系列因素。

提这个问题的，多数是原来大企业的高管或金领，因想投资、觉得好玩儿、生孩子或想脱离朝九晚五的工作节奏等各种理由，想做一点儿实业，给自己的身体和心灵找一个落脚的地方。这个群体是当下创业者的一个典型代表，他们一般都对服务业缺乏正确的认知，也不知道服务业的利润从哪儿来。

他们可能会算“大账”，房租、人工、物料、水电，但除此之外的数据，如折旧率、破损率等，一概不去计算。这样的创业者，往往到了年底就会疑惑：这每个月营业额也不错啊，怎么就是挣不到钱呢？于是他们就开始想办法，其中最常见的一个办法就是：削减人员工资。我们简称为“抠员工”。

“抠员工”是所有办法里最差的一种。为什么？因为员工是服务的基础。员工的心态好、动力足，才能更好地进行服务。想靠“抠员工”来实现赢利的，基本会以失败告终。

我在新加坡的餐饮集团做管理人员的时候，最讨厌的就是成本控制（cost control）人员。你辛辛苦苦研发了一个新菜品，售价 60 元，但他一核算，你的物料成本是 20 元，比例超出了集团制定的标准，不予通过；你在前面做销售，他在后面查你的账，还要你去解释。一开始我也不是很能理解，这不是拖我们的后腿吗？但慢慢就理解了这种精确控制的必要性。在能节省、能控制的部分，坚决不手软；但在人员福利等与服务质量和顾客体验息息相关的部分，又坚决不吝啬。

我曾在多个场合反复强调过“日盘”的重要性，当然这是针对餐饮企业而言。以咖啡馆为例，咖啡勺很容易丢，丢一个两个感觉没有太大影响，但积累起来就是一笔很高的成本。

还有，很多老板喜欢在培训上节省金钱和精力。正好，员工也讨厌培训，干脆就不做了。好，我们来看一个我亲身经历的例子。

那天，我们在北京的一家日式餐厅吃饭。这家餐厅位于北京某个高级购物中心的六楼，无论是楼层整体的装修，还是餐厅内部的装修，都是可圈可点的。但是，我与朋友就餐的过程却谈不上愉悦，因为其间发生了这么一件小事。

有一个饭团做得太咸了，我对服务员说退掉饭团换白米饭，结果她在上了一碗白米饭后，又主动要求后厨重做了一份饭团。她的出发点是好的，但当她端过来的时候我已经吃掉白米饭，吃不下饭团了。她只好又把价格为15元左右的饭团端了回去。

显然，这家企业还是愿意为提升顾客体验付出代价的，而且给了员工一定的权力空间。但是，员工的培训显然并未到位，这个服务流程是有问题的。她想改善我们的就餐体验，其实可以先询问一下我的意见，而不是“自作主张”，浪费了一个15元的饭团。

这浪费的15元，可是相当于纯利润啊。要知道，你要获得15元的纯利润，就要做出80到100元的营业额，几乎相当于一个客单价。一个客单价，就因为一个小的流程失误，就在老板看不到的地方流失了。

这只是当天所有失误中的一个，可能类似这样的失误也在别的餐台上发生过。如果按照平均每天一个失误计算，那么一个月下来就会损失4500元的净利润，几乎相当于一个员工一个月的人力成本，也就意味着每个月要多做3万到4万元的营业额。相信不管是多大体量的餐厅，面对这个数字都不敢掉以轻心。

但实际的情况是，很少有管理者能清楚地去计算这些“小失误”的价值，而利润就在这一个个“小失误”的累积中慢慢流失了。

••••••••

民生银行的"服务账"

银行业是一个服务业，要有"端盘子"的服务精神。

——中国银行保险监督管理委员会主席　郭树清

银行是金融业的重要环节，而民生银行在中国银行业是最具特色的一个。银行收费多是公众的共同感觉。对于个人顾客来说，补办银行卡、跨行取款、异地取款等，都曾经是银行"赢利"的项目。民生银行是所有银行里此类收费最少的银行，并逐渐推动了整个行业的变革。

民生银行有一项重要的业务是小微企业贷款（50万~500万），这是某些大银行并不重视的业务单元，但民生银行却做出了丰厚的利润。民生银行仔细研究了小微企业的贷款需求，发现小微企业贷款虽然规模小，但在这个区间的贷款坏账率是最低的，因为小微企业犯不上为了这么小的贷款额度失信，所以这项业务变成了民生银行一项盈利非常多的业务。

同时，民生银行对小微企业的服务也是中国银行业内做得最好的。以新注册公司开户为例：做过企业的人都知道，企业注册下来后到银行开基本户，在大型的国有银行需要长时间排队，而且每年要收取几百元到几千元不等的管理费。而民生银行完全不收取任何费用，为小微企业减轻了很多负担，所以积累了一大批小微企业客户，这些客户又都成了民生银行忠实的贷款客户。

……

生意有大小，服务无边界

“顾客是上帝”“顾客为王”“顾客至上”已经被很多企业列为“企业文化”的一部分，甚至把这些口号印在宣传册上，张贴在办公室里，或者是写在营销宣传资料上。但是，大多数顾客得到的服务并没有真正像企业所承诺的那样，甚至与企业的承诺相差甚远。这究竟是什么原因呢？

我觉得这些将服务停留在口头或字面上的企业，并没有真正地理解何为“顾客至上”和服务精神。对它们来说，“顾客至上”只是一种好听的说辞，是对自己的一种心理安慰，或者是某种一厢情愿的幻想。比如一个技术型企业往往会认为顾客需要最先进的科技、最时尚的设计、最具创新性的产品等，营销人员也经常怀着这样自以为是的想法拿着“望远镜”到处寻找顾客。但是，等一下，顾客真的需要那些最先进、时尚、创新的产品吗？

我注意到家附近有一个煎饼店，位于商场的地下一层，位置不起眼，对上班族来说也不够便利，但每天早上都有很多人在那里排队购买煎饼。

原因在于那位摊煎饼的大哥有独特的服务技巧。无论多少人排队，他都要把鸡蛋摊得非常均匀，不紧不慢；流程上也从不偷懒，一定要问清楚顾客对葱花、香菜、芝麻的要求。如果顾客让他把一个煎饼给切成两块，他就给切成两块；顾客要求切成四块，他就切成四块。按这一套 SOP（标准作业流程）操作下来，甚至让人有种很享受的感觉。

而周围的竞争对手呢？恨不得钱还没落地就让人赶紧走了。

几年过去了，他的煎饼摊依然每天有人排队。附近其他的摊点换了一拨又一拨，只有他的摊位依然屹立不倒。

说实话，这位煎饼大哥让我敬佩。比起某些“爆款店”或“网红店”，我更欣赏这种细致做事的方式，而且从结果看，这种方式也是更具有持续性的。

希望大家不要迷信“爆款”。开着豪车送煎饼虽然噱头十足，却不如老老实实地摊好每个鸡蛋。

也希望这种服务意识可以传递给创业者和老板们。

再小的企业，也需要服务精神的支撑，哪怕只有一个人。

我经常问老板们一句话：“你的服务人员，会在工作的时候化妆吗？”

根据自己的观察，大部分餐饮类企业的服务人员并没有得体的妆容。是因为化妆的成本高吗？技术难吗？都不是。很多姑娘在下班逛街的时候，打扮得非常漂亮，但一上班，就又挂上了一张疲惫的脸。

如果你是一名服务人员，在逛街的时候不一定有人看你，但上班的时候，客人是一定会看你的。合适的妆容既让自己感觉有自信，也是对客人的一种尊重。

归根结底，不注意自己的妆容是自卑的心态在作怪吧。

服务人员根本没想从顾客那里得到尊重，也不尊重自己的职业。如果老板又不懂得引导、培训，就一定会出现下面的场景。

一位顾客站了起来，明显是想点菜或是结账。但有两三个服务员还聚在一起聊天，而且非常“中式”地倒背着手，没有一个人注意到这位顾客的动作。

有一位服务员站在客人斜对面，用双臂将身子斜撑在隔断板上，明显可以听见客人之间的对话，还时不时地用右手抠左手的指甲。

用餐快结束的时候，有位服务人员并没有经过客人的同意，直接开始在桌子上收拾空盘子。结果她往后厨送了一趟空盘子之后就再也不回来了，还剩下几个空盘未收拾，让客人感觉非常尴尬。

以上都是我的真实就餐经历。这些服务人员的一举一动表明，她们并未认真对待自己的工作，也未认真对待店里的客人。就像那个收拾空盘子的服务人员，她只满足了店里的需要，但没有意识到这给客人带来了非常不好的体验。

而这些细节，这个店的老板应该是都看不到的，或者是根本没有这个意识，又或者是意识到了但没有针对服务进行相应的流程设计……

可能更多的老板，还处在对服务精神毫无意识的阶段。

举例来说，中国有太多餐饮企业的员工制服是黑色的。为什么？因为黑色耐脏，即便真的脏了，顾客也看不出不干净。但是，这是从自己的角度出发考虑问题，为了自己的方便，而没有考虑到顾客的感受。

如果服务人员的着装是清一色整齐、干净的白色制服，客人会是什么感觉？一定觉得这家店特别干净、卫生。

“服务就是细节”，是大家常说的一句话。但有多少人在做细节呢？

我们的服务，要从服务人员的一个妆容、一个站姿、一个微笑抓起。这是服务业从业者在消费升级时代存活下去的关键。

当我们讨论“服务精神”的时候，我们在谈论的是一种实实在在的思维方式、运营方向和管理方法。在大家的眼睛都盯着执行力、互联网思维、共享经济的时候，我们更需要从“服务精神”的视角去进行变革，这样才能避免被未来消费升级的大浪潮拍在沙滩上。

第二章

服务是一种思维方式

谁还在把顾客当成赚钱的工具，谁还在把生意当成“买卖”来做，谁还在以销售为驱动解决企业发展问题，谁就很难在未来生存下去。请不要再说“买的不如卖的精”——“服务的思维”拒绝零和游戏。为顾客创造更多价值，是我们收获自身价值的唯一途径。

到咖啡馆不是为了喝咖啡

商家视角与顾客视角

银行认为它们是在销售抵押贷款，但是顾客却认为他们购买的是诚信。

房地产公司认为它们是在销售房屋，但是顾客却认为他们购买的是生活和社区。

计算机厂商认为它们销售的是计算机设备，但顾客却认为他们购买的是应用和服务。

航空公司认为它们销售的是旅行服务，但乘客却认为他们购买的是方便。

化妆品公司认为它们销售的是护肤品，但顾客却认为他们购买的是年轻态。

通信设备公司认为它们销售的是手机设备，但顾客却认为他们购买的是沟通。

工程设备公司认为它们销售的是冲击钻，但顾客却认为他们购买的是墙上的钻孔。

同样的道理，到咖啡馆的人，不只是为了买一杯咖啡。

这个道理看似很简单，却至关重要。很多服务业的创业或者从业人员，由于不理解这种价值关系，从而走向了失败。

企业需要认真思考这样两个问题：第一，企业究竟为顾客创造了什么价值？第二，如何创造这些价值？因为顾客在决定购买的时候同样也会思考：这家企业到底为我提供了什么样的价值？它是如何提供的？

一个真正顾客化的企业是站在顾客的视角思考的，从“望远镜”的另一端来观察顾客的世界。

还是以咖啡行业为例。

当经营一家咖啡馆时，请问一下自己，比咖啡更重要的是什么？

首先，是舒适和愉悦的空间。

到咖啡馆的客人，一般有以下三种类型：休闲，工作或学习，朋友或商务会面。我们的空间，要能根据主要的顾客群体，营造出合适的氛围。对于休闲的客人，要给他们提供一种客厅或大阳台的感觉，让人感到舒适、自在。对于工作或学习的客人，要为他们提供一种相对安静、温馨的环境，桌椅的高度要搭配精确。对于商务人士，要保证咖啡馆的体面、干净、整洁。如果你的咖啡馆不能优于自己家的阳台，或者办公室、教室，客人不会仅因为一杯咖啡而驻留。

其次，是温馨的服务和情感。

为什么大家渴望在咖啡馆遇到一段恋情？为什么失恋了会到咖啡馆待着？同样是48元的人均消费，拉面馆和咖啡馆的区别是，咖啡馆能够给人带来一种有温度的安全感，这是咖啡馆独有的功能。

举一个最简单的例子，顾客要一杯水，服务员可以直接递过去，也可以用一个木制托盘端过去，还可以在水里加一片柠檬，再用托盘端过去——虽然同样是一杯水，这三种方式带给客人的“价值感”却是完全不同的。

咖啡馆的服务，不仅是简单的一杯咖啡或一份意面，而是一种综合性的服务。是顾客与咖啡馆、与咖啡馆馆主产生的精神连接。同样是一个煎鸡蛋，你在米其林三星饭店吃和在路边摊吃，感受是完全不一样的。

近几年，“精品咖啡”貌似很火热，很多专业的咖啡师杀入这个领域，立志做中国最好喝、最优质的咖啡。他们的专业技能毋庸置疑，我也不否认这种野心和尝试对整个市场的正面价值，但首先，企业必须要活下去。

其实道理很简单：只有为顾客创造价值，顾客才有掏钱购买的充足理由。在为顾客持续创造价值的过程中，顾客会逐渐对企业产生信赖的感觉，从而慢慢开始喜欢我们的咖啡馆及咖啡馆的服务，这样的价值感同样使顾客找到了从这里持续购买产品和服务的理由。顾客这样的持续购买行为能够提高咖啡馆的营业收入和利润水平，最终有助于为员工们创造一个美好的组织环境，为股东实现稳定的业绩增长，也为咖啡馆可持续发展的未来提供强有力的保障。

很多企业提出“从顾客视角进行观察”，但并没有真正做到——自以为让顾客满意的服务，实际上可能只是满足了自己。

向服务精神迈进，意味着首先需要一场视野的变革，站在顾客的角度考虑所有的商业行为。

消费者不关心我们是哪个部门

不要以为只有购买我们产品的人才是我们的顾客，我们的同事、我们的上司、我们的领导其实都是我们的顾客，如何为他们做好服务也是我们的职责。

——稻盛和夫

大家是否注意到从保险公司买保险和索赔时的不同？

当买保险的时候，业务员假设我们是个好人。

当索赔时，业务员假设我们是个骗子。

基于这两种假设，业务员说话、行事的方式和反应速度都截然不同。

不知大家有没有这样的体验：当我们到银行取款，可能进门的接待者服务态度很好，但窗口的工作人员态度欠佳；又可能接待者和工作人员的表现堪称完美，但出门后，停车场保安又很蛮横。无论哪一种，都会让人的心情大打折扣。

以咖啡行业为例，在咖啡馆中经常容易发生这样的事情：当客人愉悦地享受完咖啡和服务之后，在结账时却遭遇冷眼相待；或者客人等待时间太长，而我们的服务人员又没有照顾到客人的情绪，导致客人变得非常焦虑。这些都使客人直接否定了之前对咖啡馆所有的好印象——这服务实在是太差了！

这真是让人非常遗憾的事情，很多服务都是因为没有“站好最后一班岗”而失败的。

任何企业和品牌向顾客传递的形象都应该是连续和完整的，因为作为顾客，所有的体验都是贯穿始终的，如果因为各部门之间的衔接问题，导致顾客的不满，无疑是企业的重大损失。在顾客看来，企业如同一个木桶，木桶的短板决定了顾客的最终评价，短板不足，长板也同样会承担后果。现实中，只有把自己置于顾客环境里，把业务视为一个整体，各部门无间合作，才能为顾客提供合格的服务。

但问题的核心在于，几乎所有公司都由界限严格的不同部门组成，而企业在设计服务流程及培训的时候没有考虑到这些。在服务时代，刻意追求效率往往会导致服务水准的低下。因为这种设计思路是为了企业和企业管理人员的方便，而不是为了顾客的方便。

但消费者不会理会服务人员的职位是什么，所属部门是哪个，只会在一对一的接触中产生对企业整体的印象。与消费者直接接触的员工，在一个一个具体的场合，要考虑消费者究竟期待什么，并以最佳的方式实现，而不要像很多效率低下的单位那样只凭死板的

“工作职责”办事。

以酒店业为例，由于其服务流程的复杂和多元，可以说是最典型也是难度最高的“服务集合体”。各部门都有自己的业务范围，但在这些部门内工作的职员，并没有权限在职责范围外活动，难以给顾客做彻底的向导服务。比如，餐厅的职员在工作中不会跑出来去提下榻顾客的行李，清扫客房的职员也不会离开岗位去给出席宴会的顾客做向导。从整体来看，各个部门是一个个固定的“点”，是不动的，这样就容易形成“不做与自己部门利润上涨无关工作”的情况。

但从顾客的角度来看，这样的服务就让人很不适。因为从迈进饭店那一刻起，顾客的足迹是连续的，不是从一个“点”跳到另一个“点”，而是不间断地动作。

所以为了避免点与点之间的断裂，酒店业才发明了“接待员”这个岗位。接待部门是一个不负责某种特定工作的部门，也不直接创造利润，但它的存在对酒店来说是至关重要的。因为作为一名顾客，当然期待饭店为他提供连续的服务。所以，就算饭店把各个“点”都搞得十分出色、充实，却让顾客在从这“点”到那“点”的过程中吃尽苦头，那就怎么也算不上是优质服务。

因此，在设计服务流程的时候，要将我们的服务和产品连接起来，从而让企业传递出好的文化价值，保持连贯统一的形象。当我们将“连续原则”放在具体的流程设计之上，就会发现我们看问题的方式发生了变化，会产生一种全局观的服务意识。

客服≠顾客服务部。

在一个企业内，不是只有在顾客服务部工作的人是客服人员，每个人都是客服经理，每个人的工作都是为整体目标而服务。这不是要求每个人都做雷锋，而是希望每个员工都能更多地站在服务整体的角度考虑问题。当遇到问题的时候，不是简单地抱怨或向上司投诉，而是能够带着解决方案进行汇报。

当然，这话说起来容易，做起来是比较难的，因为每个人处理问题的方式都有自己的惯性。而且人有“趋利避害”的天性，在遇到问题的时候，自然反应都是推卸责任，要么认为“此事与我无关”，要么想找到适当的理由让提出问题的人（无论是客户还是上司）“闭嘴”。归根结底，我们害怕的是承担问题带来的后果——这后果不一定是现实的惩罚，更多的时候是一种心理上的担忧：这本来就不是自己的工作范围，万一做错了领导还要找麻烦，多一事不如少一事。于是这位员工脱口而出：“对不起，我不负责这项工作，麻烦您到 ×× 部门问一下吧。”

于是客人就像皮球一样被踢来踢去。

所以一个优秀的管理人员要努力让员工明白：我们之所以选择“企业”这种形式聚合在一起，就是因为合作能够带来更大的价值。不能理解这种想法的管理人员，应该不能算是一个合格的管理人员；不能理解这种想法的服务人员，也不适合上升到管理岗位上去。

要从全局上把握细节，为顾客带来完整的体验，让顾客感受到的每一个触点，都既能带来足够的好感，同时也符合企业整体的形象输出。

甚至，必要的时候，我们要将服务延伸到顾客离开后：不只满足顾客表面的需求，而是关注到他离开之后能否有效使用产品，以达到对公司品牌的认可。将心比心，思考顾客可能发生的问题、需要的协助，最终让顾客安心。

你真的在意顾客意见吗

“如果您对我们的服务感到满意，请按 1；如果感到不满意，请按 2。”这样的语音提示，相信每个人都听过无数次吧。但是，我们有多少动力去按下那个“2”键呢？因为大家知道，即便我们提供了反馈，也不会对结果造成任何影响。下次我们听到的，还是同样客气而礼貌的要求，但服务质量根本不会改变。

他们只是在做做样子。

还有的情况是，为我们提供服务的人亲自拿着一张表单过来，让大家在“非常满意”、“一般”和“不满意”三个选项中选择一个打钩，然后用一种看似真诚的目光望着你，让你感受到一种“不好意思”的压力，于是你只能在“非常满意”这个选项下面打钩。

他们只愿意看到自己想看到的结果。

以上的反馈都属于无效反馈，因为结局是提前被设定好的。对于这种反馈需求，顾客只会感觉到厌烦，员工也会将之当成一个任务而非激励团队前进的动力。

无效的反馈是一种资源浪费。

谁都知道顾客反馈可以帮助我们改善服务，但只有真正理解服务精神的企业才会将顾客抱怨视为珍贵的信息，透过顾客的意见深入挖掘如何满足顾客的需求。反馈有正面、负面和中立三种，如果运用得当，都能提供必要的信息，让我们可以持续改进自己的服务。

当收到顾客给予的正面肯定时，除了对顾客表达感谢之外，还应记录顾客对什么样的产品服务感到满意，这个信息可以为公司提供未来维持产品服务的一个目标。

当顾客不满意服务，给予负面评价时，需要有与顾客实时沟通的渠道，并且快速解决他们的问题。当有效地化解这些负面评价，让顾客对结果满意后，顾客的信任感就会增加，忠诚度也会跟着增加，就有机会成为持续消费的顾客，也能避免负面评价的传播。

通常提供中立意见的顾客会比提出负面评价的人少，这些顾客提出的意见代表顾客有这样的需求，参考顾客提供的意见调整公司产品服务的状况是相当有帮助的。许多企业能持续成长的原因，都是愿意接受并倾听来自各方消费者的声音，以改善公司的现况。

还有一些企业或管理者，认识到了反馈的重要性，也愿意通过顾客反馈的信息来改进服务，但却总是得不到正确的信息。为什么？因为我们没有提出正确的问题。一个最简单的例子，假如你问一位顾客：您觉得我们的服务怎么样？这明显是一个宽泛且带有诱导性的问题，会让顾客感觉到一种不得不给出积极反馈的压力。

所以问题的关键在于，我们提出的问题要具体、明确，而且不能带有诱导性。为了获取真实的反馈，我们要仔细思考，提出一些更容易获得真实信息的问题，或者针对某个具体的点来提问，比如：

您愿意把我们的餐厅推荐给朋友吗？

您在用餐期间遇到了什么问题？

您对 ×× 餐品满意吗？

您认为我们最需要改进的是哪一点？

……

反馈作为沟通的一种形式，其目的不仅仅也不应该只是为了告知，更深层次的目的在于激励改进。一个好的反馈可以帮助我们认识自己的不足，并且使我们自发地采取行动来弥补这些不足之处。

一个“好”顾客的自白

你们都说我是好顾客，因为我从不挑剔你们服务的好坏。当我走入一家餐馆，碰巧里面的服务员在聊天，我不会去打断他们的谈话，以求得他们的招呼，只是静静地坐在座位上等候。当我步入一家商店想买点儿东西时，绝对是客客气气，如果某位店员因为我挑选的时间稍长而不悦，我是不会怒目相对的，仍旧是默默行事，因为我相信以牙还牙是不妥的。我从不跺脚，也从不嘟囔，更从不厉声，就算是看见别人在公众场合做这样的事，我也不想学他们，因为我是一个好顾客。在此，我还要告诉你我的另一面：我也是一个绝对不会再上门的顾客。

用心就能创造惊喜

在服务精神的视角下，什么样的服务才是合格的？便捷、高效、标准化、无差错？

都不够。

如今，越来越多的服务，都被冷冰冰的机器所取代，但机器可以取代服务，却无法创造感动。

笑容仰起的角度可以控制，顾客心中的标准却无法衡量，因为价格是复赛，服务才是决赛。

在这个越来越重视情感交流的“心”时代，许多顾客上门消费不再只是为了某样商品，而是想在消费的过程中寻求让人产生感动的慰藉。于是，除了能倾听顾客的声音，提供给顾客满意的产品和优质的服务之外，顾客更期待能够得到“真心诚意”的服务。

以我近 20 年的从业经验来看，中国的顾客真的不是特别挑剔的顾客，因为大家已经在一个缺乏优质服务的环境中生活了太久，对于劣质服务已经有了一定的“免疫力”。

但是就是这样一种并不太高的标准，很多企业也不能达到。而服务精神所认为的优质服务，是在这种基础的合格线之上超出常规的惊喜。

惊喜是一种带有体验性质的名词，如果说商业追求的只是功能，那么手机只需要好用，而不需要好看、好玩了。但优秀的企业家并没有停留在这一步，比如乔布斯，而是通过想象力与实践力的完美结合，在极短的时间内改变了人们对“手机”概念的固有理解。

一个惊喜改变一时的感受，一连串的惊喜改变事物的定义。

美国作家约瑟夫·派恩与詹姆斯·吉尔摩在《体验经济》（*The Experience Economy*）一书中，阐述了品牌唯有创造令人难忘的体验价值，才能避免商品化（commoditization）的宿命，并谈到了什么是惊喜：惊喜通常不会发生在正常的期望范围内。比如，难以忘怀的飞行经验可能是在飞行途中阅读到一本令人大开眼界的书，遇见社会名流，或是和邻座相谈甚欢等。而这些都不是正常的飞行产品中可以规划或包括进去的。

在 2011 年戛纳创意奖中，恰巧有两件都是航空公司的作品，也都恰巧运用超出正常服务的惊喜，创造了让顾客难以忘怀的体验。

西班牙航空在 2010 年圣诞夜，为搭乘最后一班红眼班机赶回家过节的旅客准备了意外的行李：当旅客在航程结束后，疲惫地围绕在行李转盘旁等待领取行李时，忽然发现行李转盘上推出的是一个又一个包装精美的圣诞礼物，而每件礼物上都有个性化的行李标签：每位旅客都收到了意外的圣诞礼物。西班牙航空将旅客惊喜的反应录下来，并剪辑成影片投放到网站，48 小时内就获得 10 万次点击，并且有 8000 多个使用者在脸谱网和推特上分享影片。

荷兰航空提供给旅客的惊喜，则来自两个洞察：一是飞行旅程中最无聊的时刻之一，是候机的时刻，而这其实是个绝佳的接触点；二是许多旅客在候机时是上社交网站打发时间的。荷兰航空于是进行了长达 6 周的惊喜突击：只要在阿姆斯特丹斯希波尔（Schiphol）机场候机的旅客，从荷兰航空的网络热点上网，并且用社交网站打卡功能打卡，荷兰航空的惊喜突击队就赶紧研究他们的社交网站内容，尽可能多地了解旅客的个人背景与喜好，并且立刻为旅客准备一份惊喜的个人礼物，然后在机场找到旅客，当面递上礼物。荷兰航空也记录了旅客惊喜的反应，并将影片投放到网络。结果，与 28 位旅客互动所产生的效果是，在社交网站上共获得超过 100 万次的点击，荷兰航空在脸谱网上增加了 5000 位粉丝。

这都是惊喜带来的改变。惊喜不是常态，但应当而且能够成为我们追求的目标之一。

再举一个我自己的例子。当年我还在新加坡，在云顶集团的豪华邮轮上工作时，曾经遭遇过一次严重的撞船危机。当时我们的邮轮正在公海上正常行驶，突然发现侧面有一艘货轮正快速向我们的邮轮冲过来。事后调查事故原因的时候发现，原来货轮船长觉得自己在安全海域，竟然在驾驶的时候打盹了，所以根本没有听见我们持续不断的鸣笛声。由于邮轮体积太大，掉头比较缓慢，所以还是被货轮撞到了船尾。

由于已经预见到了撞船事故，所以我们在事先就做好了对客人的安慰工作，用广播告诉大家不要恐慌，虽然会产生一定的震荡，但不会发生沉船事故。撞击发生后，我们立即开始按计划返航。在返航期间，一个临时安排的“送别 party”计划已经开始展开，这是我们为受到惊吓的顾客临时准备的抚慰派对，派对上所有的餐食和酒水全部免费。

虽然这听起来好像没有什么大不了的，但从邮轮服务的角度来看，这种临时安排的特殊活动对所有工作人员都是巨大的挑战。举个简单的例子，这样一场免费的派对肯定耗资不菲，按一般的流程需要财务部门先向总部申报，但这样走流程肯定是来不及的，所以需要财务部门的同事有决断力和承担责任的魄力。

最终，我们的应急处理很完美，邮轮入港之后，船长站在舱门口向每位顾客表达歉意和感谢。同时，我们还临时做了一个决定，即向本次航程的所有乘客提供一次免费乘船的机会，而且为每位客人免费升舱一级。经过一次愉悦的派对体验后，客人的心情基本已经平复了。当听说还可以获得一次免费的升舱体验后，所有的乘客都喜出望外。

根据后来的反馈，事后又免费乘船一次的顾客比例并不高，因此集团并未付出太高的成本，但这种服务态度所引发的口碑效应是巨大的。对于邮轮来说，最严重的危机莫过于撞船或沉船事件，虽然撞船事件责任并不在我们，但客人并不关心是谁的责任，只关心自己的安全和出游体验。我们的态度和做法，成功地将一次撞船危机转化为有效的品牌传播活动，媒体报道上都是客人高高兴兴地走出邮轮的镜头。

因此，服务是品牌的关键。在顾客购买产品后，服务体验就成为品牌。在当今互联网在线评论时代，差劲的服务会直接影响一个公司的声誉。但是，优质的服务可以转变为交叉销售机会。当市场营销被视为关键的利益相关因素时，一些公司在服务方面的投资开始飙升——这是把握住了时代脉搏的体现。

不断优化服务 SOP

小小的疏忽，可能造成很大的伤害……缺一颗钉子，就做不好马蹄铁；缺一只马蹄铁，马就不能飞跑；没有了马，骑士就发挥不了威力。

——本杰明·富兰克林

有一天我正坐在一家餐厅点单，一个年轻的服务员在一旁服务。突然旁边一张台的客人不慎将一个玻璃杯蹭掉了，杯子摔在过道上并碎裂一地。这位服务员显然有点不知所措，她看了一眼破碎的玻璃杯，又看了我一眼，不知道该怎么办。这时候她有两个选择：一是继续服务我这张台，但破碎的玻璃可能会给其他客人带来危险；二是先整理地面，但服务就会被打断。

在向我询问并得到我的允许后，她一路小跑到后厨拿来了表示危险的“小黄帽”放在过道上，然后开始收拾碎玻璃。

其实她的处理已经很不错了，因为她将“安全”放到了首要位置，并且在行动前获得了顾客的理解。但是，这仍不是一个最好的解决方案。因为在她跑回后厨的时间内，仍然可能有客人踩到玻璃上——这是一段完全没有任何服务保障的“真空期”。

因此，更好的做法是，在得到顾客的首肯后，先就近搬一张椅子放在碎玻璃上面，向所有人提出警示、提供保护，然后再到后厨拿出“小黄帽”和清扫工具。

所以，对任何一段服务流程，如果仔细地进行分解、反思，可能都会有更好的选择和替代办法，这就是需要动脑筋的地方。如果一味地遵循惯例，不思进取，很容易使企业竞争力下降。

日本管理大师狩野纪昭博士在1984年提出了“狩野模型”，提出了不断迭代、完善、优化服务的四个步骤，今天看来，这个模型仍没有过时。

第一步：保持竞争基础。以餐饮店为例，食材的合法来源、产品的标示、餐点的卫生、餐点口味的稳定，都是企业提供服务的基础，是不可或缺的元素，而令“顾客满意的服务”则是画龙点睛、跃升卓越的关键。因此，竞争基础是现有顾客对企业所提供服务质量的衡量标准，即使提供，顾客也认为是理所当然，如果无法提供，将迅速失去顾客认同，造成顾客快速流失。故需稳定既有竞争基础，保持现有顾客稳定。

第二步：发现服务问题。通过顾客消费问卷，先找出顾客对企业提供的现有服务的不认同之处或希望优化之处，进行内部讨论，快速改善或予以消除，拖得越久，顾客可能流失得越多。

第三步：服务质量提升。通过顾客消费问卷，找出顾客对企业提供的现有服务的认同之处，这是顾客选择我们的原因，故除持续稳定地保持外，还需进行持续提升，因为做得越好，顾客就会越满意，就越愿意提高上门次数或消费客单价。通过服务精致化的延伸，带动业绩成长。

第四步：细心观察，创新服务。细心观察顾客的需求，并了解哪些是同业无法提供的服务，这就是创造差异化的绝佳机会，只要能做到，顾客将获得原本意想不到的或不认为会获取到的特别服务，满意度将大幅提升，这就是差异化服务的魅力与影响力。

比如，孕妇不宜喝含过多咖啡因的饮料（例如茶），会跟服务人员要温开水，为了避免孕妇不自觉喝下过多热茶，我们可以在服务设计上纳入“主动为孕妇奉上温开水”这一项。

服务精神要求我们不仅要去“做”，更重要的是要去“想”，去思考，按照价值观的排序去不断筛选更优质的服务流程，在有限的资源内达成最好的结果。这项工作思路并不复杂，但却是更艰难的事情，需要每个企业的管理人员根据企业的自身特点进行深入的思考。

把握服务与干扰的界限

服务不足，是怠慢；殷勤过头，变成打扰。刚刚好的服务是鼎泰丰团队努力追求的目标。

——鼎泰丰董事长　杨纪华

在餐厅内，客人转了一圈放置调味罐的转盘，似乎正在寻找什么，一抬头，与服务人员对上视线，“请问您是不是需要辣油？”客人惊讶地点头。

另一桌，妈妈手忙脚乱地给小朋友喂饭，“请问您要纸巾吗？”服务人员微笑着将纸巾递上，妈妈愣了一下，马上露出开心的笑容，一手接过纸巾并道声“谢谢”。

这种“不用客人开口，服务人员就能递上对方所需物品”的读心术服务，是服务企业共同追求的目标。

国内做得最好的企业，可能就是著名的海底捞了。

但是，当我们以一个非常严苛的标准来衡量时，海底捞在切入服务的时机上，可能还有待进步。以我在海底捞就餐的经验来看，海底捞的员工在某些情况下有点过于“热情”了。当我在跟朋友聊天的时候，好几次被热情的服务人员打断话题。

这不是批评，海底捞在中国已经是一个巅峰了，也是一家伟大的企业。我想借它来指出一个服务上的要点，即有时候不说话更重要。甚至在有些时候，让客人看不见服务人员才是对的。这样才能避免过度服务。

过度服务是指由于服务人员未能充分了解客人的需求和心态，提供了不为客人接受、干扰客人正常消费的各种服务项目、内容和方式。过度服务其实是一种不当的服务。

比如我们在咖啡馆里与一位重要的客户谈公事，但服务员很热情地过来询问是否对服务满意，或者不断地询问是否需要加水。不可否认，这时候服务人员的本意是好的，但站在顾客的角度看，这仍然是一种干扰。

我们一直提倡“无干扰服务”，指的是在客人不需要服务的时候让客人充分享受自由的权利，充分地让客人自主地选择，不进行主观的诱导，并随时准备给客人提供其他所需的服务。

在服务过程中存在“100+1=0”的定理，任何画蛇添足的服务都会使客人不满，造成服务失误。服务中增一分和减一分，都会与服务初衷差之千里，这就要求员工掌握“适度”原则，努力避免过度服务。

想要避免过度服务，就要善于准确把握客人的需求和客人的心理变化，提供让客人真正感到满意的服务。要贴近客人，调查客人的需求是什么。客人的需求包括明示的、隐含的两个方面，这需要系统的培训，使员工通过察言观色、分析客人的心理来真正把握客人隐含的需求。

另外，我们要学会换位思考，从服务者和被服务者两方面来考虑如何服务。服务必须给客人带来便利。如果把服务者的主观意愿强加给客人，只能使客人烦躁，无视客人的情绪、时机等因素的服务只能适得其反。所以，一流水准的服务需要在心里做到“一人双角”，站在客人的立场上审视我们的服务内容、服务项目、服务流程和制度是否适合，需要怎么改进，需要增加哪些服务手段。试想如果自己是顾客，想让服务员为我们做什么，或是相反，我们接受了什么样的服务会感到不愉快。

比如当客人点菜时，如果我们说“这道菜绝对好吃”，客人碍于推荐的情面，虽然心里还留着些疑问，也只好为了不破坏气氛点了这道菜。而这时如果能站到客人的角度收敛一点儿热情，向客人比较客观地介绍菜本身的特点，给客人更宽的选择余地，则是一个更恰当的方法。我们如果随时都能设身处地地为客人着想，站在客人的角度思考的话，便会减少热情过度的服务。

这也是为什么说“恰到好处的服务”是最佳的。

几年前，我在日本电视台上看到探讨一家服饰品牌经营之术的采访。片中谈到员工训练，不只是训练礼仪，更要员工思考：对客人来说什么是舒适的购物空间？客人喜欢到店里购物，当然对店里的营业额就有贡献。所以，顾客上门后，热情地打招呼（欢迎光临，请自由选购）是必要的，但之后绝对不可以紧盯客人，必须跟客人保持一定的距离，感觉客人有需要时才上前服务。无压力的空间，能够自由选购，才是多数客人需要的。所以，当客人在看衣服时，当时正在旁边折衣服的店员也会离开货架，让客人自由选购。店员会有技巧地一边忙着手边的店铺事务，一边注意店里客人的动静。

恰到好处的服务，需要服务人员站在客人的立场上，不断揣摩“当我是客人时，期待今天的用餐时光会怎样？”“碰到同样情况，会希望有人为我做什么？”“想要获得怎样的满足感？”

比如客人问：“请问有湿纸巾吗？”很多一线服务人员会按照客人需求送上。但更好的做法是想一下，“这位客人为什么会要湿纸巾？是不是因为打翻了杯子需要擦拭？”优质的服务不仅仅是执行命令，而且要思考顾客需求背后的问题。

这种“察言观色”的本事不是一天两天就可以练成的，而是需要不断地训练和思考。

只有不断磨炼自己的技艺，才能把握住正确的“切入服务”的时机。

第三章

99% 的服务人员不懂沟通

沟通不只是语言——虽然它是很重要的一部分。沟通是一个人对人际关系的理解，是思维方式的反映。一个人的妆容、眼神、手势，都反映出对眼前的人是否尊重、理解、有同情心。对于顾客而言，沟通是一个企业对外的名片。

为什么服务人员不受欢迎

中国的服务员群体给人的整体印象并不是很好。以保安为例，这可能是中国最难做、最不受欢迎但又最重要的职业之一。

如果没有保安，可能城市住宅区中每家每户安装防盗门窗的成本都要多几千元。但有了保安，业主们又感觉受到了限制，有时候出入小区都不自由。

保安又是与业主们打交道最多的群体，一旦发生什么事儿，或者对物业有什么不满，业主很容易把情绪转嫁到保安身上。

可能最让保安们难受的是，很多业主（都是比保安有钱的人）往往对保安群体不够尊重。受了委屈，保安们也没有地方可以说理，因为物业公司往往不愿意得罪业主。

在这件事情上，业主群体、物业公司都有问题。

但在我看来，最重要的是保安作为一个职业，没有明确的职业价值观和职业标准。很多保安都未经培训直接上岗。这些可能刚从农村走出来不久的年轻人，还未能掌握适应社会的职业心态及与业主打交道的正确方式。

如果保安能够得到专业的培训，能够从服务的角度了解业主的心理，大概 90% 的争执其实是可以避免的。

让我们比较以下两个相似的场景。

场景一

A 小区，一辆没有停车证的汽车被保安拦下。保安按照公司要求给车主敬礼。

一位中年女业主摇下车窗："干什么？"

保安："去哪儿？"

业主："回家。"

保安："几栋几门？"

业主："× 栋 × 门。"

保安："为什么没有小区停车证？"

业主（不耐烦）："没带。"（不再说话。）

两人僵持了一会儿，保安最终还是让女业主进去了。

场景二

B 小区，半夜，一位骑着共享单车的女业主到小区门口附近停下，正在锁车。保安听见了锁车的声音，怀疑锁车的女士是业主，但又不敢确定，就走近前来看看情况。他担心这位女业主一个人在阴影处不安全。

保安："您好，请问您是 ×× 小区的业主吗？有什么需要帮忙的吗？"

业主（认出了保安的制服和胸牌）："是的。麻烦你给我开一下门吧。"

保安："您稍等，我去拿钥匙给您开门。"

保安到门口的值班室内拿了钥匙，同时把业主手册带了出来。

保安："麻烦问您一下，您是几号楼几单元的？"

业主："× 栋 × 门。"

保安："好的，谢谢您的配合。"

业主："也谢谢你。"

类似的两个场景，因为沟通的方式不同，产生了截然不同的效果。B 小区的这位保安，既完成了确认业主身份的任务，保证了业主和小区的安全，又避免了"质问"业主的尴尬。很明显，这个小区的保安是经过系统培训的，知道在这种情况下该如何得体地应对，并且能够站在对方的角度考虑问题。

B 小区这位骑着共享单车的女业主，就是我。这个故事也是发生在我身上的真实案例。

中国人本身是讲究礼数的民族。但在现在的社会环境下，保安群体与业主群体却仿佛有天然的矛盾一样。这都是缺乏服务精神所致。

类似的两个场景，采用不同的说话方式，就取得了完全不同的效果。

每个想要进入服务业的人，或者每个想招聘管理人员和服务人员的老板都知道，与人沟通的能力可能是这个行业最重要的能力了。只有具备沟通的能力，才能完美地分配任务、处理顾客的投诉、解决员工的需求和矛盾。

但是经过多年的观察，我发现哪怕是做到主管乃至经理级别的人，能够真正从服务精神的角度，运用“服务思维”去沟通的，可能都不到20%。

从服务精神的角度看，沟通的方式要比沟通的内容更重要。我们的很多从业人员，都是在按照自己家庭和学校教育出来的方式与人打交道，沟通能力如何完全取决于个人的家庭和教育环境，这是不能够适应未来服务业的发展趋势的。

在地产暴利逐渐逝去，城市化红利逐渐消失的未来，物业服务将越来越决定一个地产企业的品牌美誉度。如果我们想要享受到更专业的物业服务，就必须投入更多的精力培训好服务专业人才。而这个思路可以扩展到一切服务行业。

培养合格的服务专业人才，应从培养合格的沟通能力开始。

服务人员真的会沟通吗

当下，大部分服务企业都没有沟通能力的培训，即使有培训也只是简单的话术或情景对话，服务员根本无法将这些知识应用到复杂多变的服务场景里。以下是几个典型的无效沟通的案例。

案例 1

顾客：我想成为你们的优先送货顾客。

员工：不好意思，我们公司规定，您必须先购买超过 3000 元的商品才具备此项资格。

案例 2

顾客：我要拿铁不加牛奶。

员工：拿铁都是要加牛奶的，如果您想点黑咖啡，我们有意式浓缩跟美式。

案例 3

顾客：为什么我还没有收到退款？

员工：可能是因为您的表格填错了吧。

案例 4

顾客：这部车是不是有点太大了……

员工：咱这是美规车，开起来是非常轻松自在的。

顾客：什么是美规车？

员工：美规车您都不知道吗……

案例 5

顾客：我要求的退款是 46.3 元，可我收到的退款是 36.4 元。

员工：您的退款要求一定是 36.4 元，否则我们不会寄给您这个金额的。

总结起来，无效沟通大概有以下几种情况：

（1）沟通方式粗暴，阻碍、打断顾客的交流与投诉；

（2）直接否定顾客需求，通常是以“公司规定”“原则”为借口；

（3）未能提供解决方案，只提供给顾客已经知道的信息；

（4）与客人争论对错，暗指客人不够“专业”；

（5）使用专业术语，让客人听不懂你在说什么。

市场化的服务企业一般来说都是注重与顾客的交流的，但很多时候，沟通的方式和方法却存在很大问题，容易让顾客产生误解。通俗地类比一下，我们可以称这种情况为“刀子嘴豆腐心”，虽然并没有故意让顾客难堪或被动，但由于沟通能力和思维方式的限制，严重地影响了顾客体验。不知道大家有没有这样的体验：即便是在跟别人打电话的时候，也能“听”出对方的表情。如果一个人在电话的另一端是微笑的，那么你一定可以感受得到。所以说，有时候沟通的方式和方法，可能比内容和信息更重要。

商业心理学专家雅伯特·马伯蓝比（Albert Mebrabian）经过研究，提出了沟通的“7/38/55”定律：从沟通的效果层面来看，肢体语言所起的作用最大，占到55%；语音语调次之，占到38%；而沟通的内容其实只占到7%。肢体语言和语音语调可以被统称为信息的传达方式。

也就是说，在沟通的过程中，信息的传达方式（语音、语调、眼神、表情、身体姿势）要比说话的内容更为重要和关键。反馈成功的先决条件是和谐的氛围。说话的内容由述者控制，但是效果由听者决定。

如果我们能够从服务精神的角度来看待沟通问题，就很容易避免经常出现的一些问题。首先，我们要明白一个最基础的道理：**你说了≠我理解了。**

为什么“服务”是一门专业，而且是一门要求颇高的专业？因为真正专业的服务人员，总能够站在对方的角度，并且用对方听得懂的话进行交流。比如专业术语问题，很多企业为了方便内部管理，都会使用行业内部术语，但这些内部术语应该严格限定在团队内部使用，而不能“暴露”给顾客。有这样一个投诉案例，在一间餐厅里，在三位客人都点了促销的猪排套餐之后，点餐人员就直接用对讲机跟厨房说：“客人三位，都是猪。”听起来虽然有点好笑又无奈，但这不就是被内部用语所害的吗？

服务思维要求我们能站在顾客的角度负起责任来，哪怕顾客的需求不在自己的工作责任范围之内，也不要将这一点直接告诉他，而应该告诉他能够为他提供什么样的帮助。所以应避免说出以下句式：

你好像不明白……

你肯定弄混了……

你应该……

我们不会……

我们从没……

我们不可能……

你弄错了……

以前从来没有人抱怨过这些。

这是我们公司的规定。

我不知道。

这不关我的事。

我们可不负责。

我们一直都是这样做的。

这是你的事，你自己做决定。

绝对不会，绝对不可能。

符合服务思维的回答方式，应该符合以下几个原则：

（1）尊重，温和而坚定地表达自己；

（2）负责，拒绝推卸责任或寻找借口；

（3）换位思考，提供准确而易于理解的信息；

（4）保持开放的结局，给出可能的解决方案。

“共情”的重要性

所谓“共情”，简单来说，就是能够站在他人的角度理解他人情绪的一种能力。我们平时所说的“换位思考”，其实更多的是指“换位感受”，也就是共情。

一个懂得“共情”的人，在沟通的时候能够走进对方的世界，感受到对方真实的心理处境，然后将对方带出情绪的“地雷阵”。

举例来说，如果你的员工说这几天的工作量太大了，你怎么办？一个懂得共情的老板不会对他们说“这点工作量并不算什么，你要学会在压力下成长”，也不会指责员工没有责任感、懒惰，而首先会确认员工的心理感受，比如说："嗯，最近好像工作量是有点儿大，我看你们都挺辛苦的。"这样就为后续的沟通奠定了基础。

客服人员在面对顾客的时候，所面临的状况其实是相同的。如果客服人员具备共情能力，就不会出现推卸责任、与客人争吵等现象，而是能让客人感受到自己真正被理解，这是所有"交流"成为可能的基础。

顾客错了怎么办

> 第一，顾客永远是对的；第二，如果顾客错了，请参考第一条。
>
> ——沃尔玛

顾客会犯错吗？

所有人都会犯错。顾客当然也可能会下错单，错误理解某些信息，忘记某些约定，等等。

但是，面对顾客的错误，我们对待和处理的方式不同，在服务精神视角下会呈现不同的结果。

其中最差的也是最常见的一种应对方式是直接指出客人的错误。客人受到指摘，内心肯定会有反抗的情绪，这往往导致客人与服务人员之间的争执，丝毫无助于问题的解决。

与客人争论对错没有意义。

顾客会犯错，但顾客就是顾客。这句话简单地说明了解决问题远比争论谁对谁错更重要。当有人被激怒时，如果能心平气和地解决问题，就会缓解紧张的气氛，每个人都会觉得好受多了，这样做也节省了大家的时间。正是从这个意义出发，沃尔玛才讲“顾客永远是对的”。

因此，我提出了“Say Yes”的服务理念，意思是面对顾客的需求和请求，无论什么都要说“是”（yes）。根据这一理念，我也创立了自己现在的品牌“SAYES”。

为什么不要说“不”（no）呢？可以说，有些时候我们的确会对某些看似不合理的要求感到为难，但还是要避免说“我做不到”，因为可能一个简单的“不”，就能葬送顾客和服务之间的积极关系。不说“不”，意味着我们对顾客的需求是永远保持开放的，随时准备为顾客解决问题。

比如说，有位客人想吃素，但店里的菜单上并没有全素的菜。一个自然的反应是告诉客人餐厅无法提供素菜，但更好的做法是与后厨进行协商，比如将现有的蔬菜拼在一起，或者做一个水果拼盘。要达到这种水准，就需要服务人员具备高层次的服务素质，包括热情、耐心，以及对顾客需求的理解和尊重。

我认同并推广“Say Yes”的理念，并不意味着我们已经做得很完美了。在实际的企业运营中，我们的员工也还是会出现各种问题。

那天在店里，眼看着一位员工与客人起了争执。

客人：“我点的是奶油蘑菇汤，为什么上的是奶油南瓜汤？”

员工：“您点的是南瓜汤啊。”

客人：“不是，我明明想要蘑菇汤。”

员工（到前台拿了小票给客人看）：“您看，您点的确实是南瓜汤。您要是没记清楚，可以问问您的朋友。”

客人（怒）：“我明明要的就是蘑菇汤！你点错单还赖我是什么意思？”

我赶紧介入，表示愿意给客人免费再做一份奶油蘑菇汤。客人也当即表示愿意为这份汤付费，我说已经给您造成了困扰，这份汤算是表达我们的歉意。然后我把自己的员工带到后厨去，问了她一个问题：“如果客人是你的朋友或者熟人，你会怎么做？”

她一下子就明白了，但还是试图争辩客人的确错了。没错，客人可能会出错，但在他们的朋友面前证明客人的错误，难道有利于解决问题吗？这只能让客人更努力地否定自己的错误。如果我们能够站在顾客的角度考虑一下，从一开始就提出重做一份汤，她可能立即就接受了，甚至还愿意为此付费，这样我们不仅没有损失，反而收获了客人对我们的好印象。假如一定要证明客人错了，以至于最后大吵大闹，这损失的可能就不只是一份汤了。

当天店里正在举办一场活动，需要服务的客人很多，员工们的心理状态应该比较急躁，但这不应该成为他们失去同理心的理由。其实这位员工和那位客人在此之前完全是陌生人，但就因为纠结于一份汤的问题而差点变成了仇人——服务就是这样一个有意思的过程。事后我向朋友感慨道：“如果我们都能像对待一个熟悉的人那样去对待陌生人，我们的服务水平应该会立即提升好几个层次。”

这个故事是为了引出我想强调的一个重要事实：沟通的关键在于建立联系并解决问题，而不是严格遵循不可变通的规矩和指令。因为人不是机器，不会按照设定好的程序来反应，所以能否用感受而不仅仅是用逻辑来处理问题，是是否具备服务精神的一个重要标准。

解决问题，而不是激化矛盾，这是一个看似很简单、很明确的沟通目标。如果我们的服务人员足够专业、自信，完全可以既给客人保留一定的余地，又让自己的利益得到保护——但这并不意味着我们的尊严受到了损害。

正确地处理投诉

与客人接触的工作中，最难应对的部分就是处理顾客投诉。大多数员工听到投诉就害怕，因为顾客强势的态度总是让他们陷入恐慌。

实际上，客人愿意抱怨，表示他强烈在乎、关心公司或产品，所以店家应该把投诉视为美意，顾客的投诉可以帮助我们察觉自家公司服务的优缺点，只要拿出正确的态度处理这些投诉，使客人满意，就有机会让投诉的顾客成为自家品牌或产品的忠实粉丝。

举例来说，我们总是习惯在别人向我们发泄愤怒、焦虑的情绪时，将这份负面情绪推回去，但这样做一定会产生不愉快的结果。但一名能理解服务精神的客服人员在面对顾客指责的时候，会感受到顾客愤怒的背后其实是受伤和恐惧。

当顾客打岔（抢话）时，我们会感到一种突然被打断的不愉快，于是不耐烦地说："请您听我说完好吗？""请您不要打断我说话，好吗？”

但是，顾客之所以打岔，正是因为他发现自己被忽视，他的打断行为是在间接请求我们看见他真实的需求，或者我们的话信息量太大，顾客已经跟不上我们的节奏了。

中国的顾客可以说是最能“忍”的客群之一，因为我们的文化里就有“多一事不如少一事”的传统。大部分开口投诉不满的客人，基本上都不会是无理取闹。让如此“好说话”的客人提出问题，说明我们的服务体系确实存在问题。

所以，面对顾客的抱怨，与其先争辩或推卸责任，不如先听对方讲。厘清问题比试图直接解决问题更重要。

一个优秀的客服人员能够转换、化解顾客的负面情绪，因为我们看到的不是一位愤怒的顾客，而是一位受伤的顾客。面对受伤的人，我们都会有自发的意愿去安抚对方。应对投诉，一个符合“服务精神”的方案如下。

第一，感同身受地倾听，而不是急于辩解。

顾客在抱怨时，他的心情一定是负面的。为了建立与顾客之间的情感，先认真地把顾客的话听完，无论顾客是否有误解，都不要插嘴，否则会让对方感觉我们是在找借口，适得其反。应在确实理解客人的心声之后才开口，但不是急着为自己的任何行为做解释，而是适时针对顾客的心情道歉。应具体了解是哪件事情让顾客受到影响，当顾客的心情获得理解时，原本的愤怒就在当下转为平静。

第二，用提问的方式确认顾客的需求。

平抚了顾客的情绪之后，接下来是深入了解他的需求。应视情况采用两种不同的提问法，了解顾客生气的根本原因。

开放式提问

顾客：“昨天才买的产品，怎么一下子就坏了？”

客服：“非常不好意思，可以详细告诉我发生了什么状况吗？”

开放式提问给予客人自由发言空间，可以引导顾客流露出自己的真实情绪，并描述面对的难题。但这种提问方式可能会使顾客离题，浪费时间，所以客服人员应该抓住顾客想要表达的核心问题，来慢慢引导顾客准确表达自己的诉求，并最终确认顾客希望解决的问题。

封闭式提问

顾客：“我刚买的产品，结果开关处没有反应！”

客服：“按了开关没有反应，是这样没错吗？”

封闭式提问只给顾客对或不对两种选项，此种方式可以让问题聚焦，找出事实，也能借此让顾客知道客服人员真的可以理解顾客的心情。但封闭式的提问会使顾客的回答较为简洁，无法了解全面状况，只能做片面的确认。

第三，提出解决问题的方案。

比起直接告诉顾客该怎么做、可以怎么做，不如给他多个选项。给予顾客自由的选择空间，能够增加顾客的认同感。当觉得以自己的能力无法给出解决方案时，不妨先请其稍候片刻，晚些时候再与顾客沟通，然后请较有经验的前辈帮忙解决问题或是商量如何应对。回复的时间以不超过 15 分钟为宜，超过这个时间容易使顾客产生不信任感。因此，最好在 15 分钟内给顾客反馈，以积极解决问题的姿态赢得顾客的好感。

第四，向顾客表达感谢。

顾客投诉其实是希望自己面临的处境能够被了解，也是想告诉企业如何改善它们的产品或体验。顾客的每一个宝贵意见，都能使店家的服务变得更好，所以必须感谢他们的批评指教。道歉不如感谢，尽管道歉是必要的，但有时会说得像赔罪，让客人有负罪感。向顾客表达最真诚的谢意，也能使其对我们有好的印象。

归根结底，客服是关于关系的艺术。

好的服务人员，某种程度上就像好的心理咨询师，能够消化、转化客人的负面情绪。即使客人没有按照自己的设想给出反应，也不会觉得受挫，乃至焦虑，失了方寸。

而一个未受过服务精神洗礼的客服人员，往往不能有弹性地处理顾客和自己的情绪。顾客态度好，自己就态度好；顾客态度不好，自己态度就不好——这样的服务素质是远远不够的。谁也不能要求顾客按照自己的设想来反应，顾客也不会因为服务人员做到友善了，就应回报善意。

客人看起来好像是在针对服务人员，但实际上并不是，他 / 她与服务人员无冤无仇，只是我们的品牌作为一个整体让客人失望或受伤了。

如果客人的愤怒也激起了服务人员的愤怒并与之交锋，那就意味着顾客服务失败了。

真正刻意“找茬”或者“碰瓷”的顾客毕竟是极少数，大部分顾客都是在诉求得不到满足之后才会展现出攻击性。其实很多时候服务人员感受到的恶意，并不一定是恶意，很可能是自己发出的信号不够强烈，顾客没有感受到，或者是将顾客的委屈、无奈误解为敌意，而这些，或许只是因为没能站在对方的角度看问题。

在服务精神的维度里，理性和逻辑是基石，而感性和链接才是艺术。

服务精神视角下的客诉处理原则

原则一：客户优先，立即回应

在最短时间内做出回应。

原则二：道歉先行，后找原因

在探究哪里出问题前，第一步先化解客户的怒气，不论错在谁，都要先向客户道歉，感谢客户的批评指正，并仔细聆听客户的投诉，理解他们的感受，等他们心情平静后再处理问题。

原则三：学会聆听，换位思考

处理客户投诉时，“聆听”是最重要的，“听”与“说”的比例应当是8∶2，甚至是9∶1，要表现出设身处地从对方角度思考问题的态度。

原则四：避免辩驳，寻找办法

不要用“可是”“但是”等语句跟客户争辩，要想办法解决问题，而不是寻找借口或推卸责任。

原则五：放下过去，着眼未来

不要陷在已经发生、无可挽回的事情上，而应着眼于未来如何采取补救行动。

原则六：合理承诺，有诺必行

只对自己能办到的事情做出承诺，明确告诉客户哪些事做不到，以免客人得寸进尺，狮子大开口，但也千万不要忘了凸显能为他们做什么。

原则七：事皆关己，避免卸责

即使客户的问题超过自己的职权范围，也要帮助客户找到公司内的相关负责人，不可用“这不是我的职责”来搪塞。如果让客户觉得他是在跟一个内部各自为政、推诿责任的公司打交道，不满情绪很可能衍变到不可收拾的地步。

原则八：及时处理，及时反馈

别让客户等候太久，即使事情很棘手，也要随时把处理的进度向客户反馈。

原则九：安抚情绪，避免升级

倘若客户言辞激烈，或不认同处理的结果，调解陷入僵局，可以请更高层的管理人员出面沟通，或是换个场地、换个时间再沟通，让客户平复情绪，也让客服人员有一段缓冲期来思考解决方案。

原则十：顾客无错，永远说是

客户不见得永远是对的，但就算客户有错，也要为其保留面子，原则上不能责备客户。

••••••••

“淘宝体”所代表的话语革命

如今人们谈起淘宝，首先想到的还是它改变了人们传统做生意的模式。但是，“淘宝体”却是作为一个文化符号而非商业符号进入了公众的视野。一句“亲”，瞬间缩短了客与商之间的距离，让本身较为冰冷的线上交易变得更有温度。

这种本是淘宝商人交易中的商业语言，却在短短的时间内跨过淘宝网，影响到其他领域。它甚至被传统事业单位乃至政府服务部门所吸收，一改这些机构严肃、刻板的固有形象。

不要小看“淘宝体”的意义。所谓“语言即意义”，话语方式与话语内容同样重要。“淘宝体”意味着中国的服务变革开始从水下露出水面，并以一种文化的态势出现。

市场已经对商业行为提出了更高的要求，具备更好服务的企业和商家竞争优势愈加明显，也有更多的老板和管理者开始在服务培训上进行投入。

回看中国服务经济的发展历程，改革开放之前是“零服务”状态，“小资”所代表的品质和细节被完全无视。

1978年之后，服务的雏形开始出现，虽然形态依旧比较粗糙。举个例子来说，在2000年前后曾有一种KTV模式特别火爆，提供“跪式服务”“帝王服务”，要求服务员像伺候皇帝一样伺候客人。但今天，这些KTV早就不存在了。失去了尊重和人格平等的服务，不关注“员工体验”的管理模式，并不符合服务精神。

直到互联网经济的兴起，“淘宝体”的出现，一种更加亲切、平等的服务关系才开始出现。在这个阶段，实体经济的服务水平是相对落后的，像今天我们习以为常的“请您对我们的服务进行评价”，在当时的电信、银行等服务行业中还未出现。

所以淘宝的成功不仅是商业的成功，也是文化和服务的成功。“亲，您还满意吗？”这在历史上是第一次。

实体经济粗糙的服务模式第一次受到了挑战，服务意识开始深入人心。这是一场关于交流方式和服务方式的伟大变革。

未来20年，一定是服务精神的时代。再好的硬件，再先进的模式，没有服务精神的支撑都将不可持续。

我能想象到，未来类似日式、韩式的服务模式将会在中国出现，尤其是移动互联网所引领的消费平权已经让落后的服务形式不再有生存空间，线下空间必须能够提供比线上更好的场景、体验和信任感，才具备生存的空间。

技术的升级，“社群”的兴起，也让各类“生意”形态越来越看重人与人之间的关系与相互的信任感。

以我自己为例，我们小区内有一个微信“妈妈群”，妈妈们每天都在群里分享一些自己亲自试验过的优秀产品和服务。慢慢地，一些“达人妈妈”就将这做成了生意，自己变成了一个链接“妈妈们”的流量入口。现在，几乎足不出户就能直接通过这个社群采购到很多品质有保证的生活用品，享受优质的服务。这就是信任的价值。

服务的过程，根本上是由陌生人变成熟人乃至有一定信任关系的朋友的过程。这一过程如果能够实现得比较顺利，就会让客人产生更强烈的归属感，同时增加了用户的黏度，一种充满信任的关系就开始建立。顾客的信任激发了我们的责任感，我们的责任感又带来了优秀的服务质量，而优秀的服务质量又可以推动良好的顾客关系。在这样一种良性循环下，任何商业都必然会走向成功。

第四章

服务视角下的品牌策略

生产－销售的逻辑不复存在，品牌部、市场部也将不复存在——顾客越来越相信直接的接触、体验，而不是灌输式、洗脑式的宣传。品牌效应来自商家针对客户需求所做的反应和改变，而不只是嘴上说了什么。

服务体验就是品牌

在工业化的商业逻辑里，营销一直都是与“产品”捆绑在一起的。一旦产品经过调查、设计、试制并预备投产，就万事大吉，可以造几百、几千甚至几百万个都不会走样。市场部门的核心任务，就在于搞清楚顾客想要买什么。产品卖完了，市场部门的使命就结束了。

而服务精神视角下的品牌和营销，则彻底改变了这种单线条的销售逻辑。

我们在第一章讲过，产品的生命周期不再与顾客关系的周期完全一致，只要服务还存在，品牌就存在，而产品越来越成为工具性的东西。

比如美国著名的施乐公司，起初是靠卖复印机、打印机等硬件赚钱。但如今它已经是美国最大的文档服务企业之一了。卖了几十年机器后它终于发现，顾客并不关心机器的质量到底如何，他们只想最方便地制作出公司经营所需要的文档。于是施乐公司转而承接了很多企业的文档制作工作，企业按时间付费，机器还是施乐的，坏了要施乐派人去修，开发了新机型也会免费替企业安装。

企业不用再进行信息调查、机器采购、讨价还价等一系列工作，施乐公司的市场部门也从推广产品转型为推广服务。

只要企业继续采购服务，施乐公司的产品更换多少代都无所谓。

品牌真正变成了持续一世甚至几世的事情。

因此，传统的产品营销正在走向穷途末路，因为不绑定服务和解决方案的产品越来越少，竞争也越来越激烈。

在传统营销逻辑下，销售人员主要靠业绩说话，是谁去销售产品并不重要，因此，销售人员难免会向顾客夸下海口，反正烂摊子有人帮自己收拾。

但在服务视角下的营销环境中，与顾客接触的每一个员工都是品牌的代表，员工的每一个举动都是品牌的展示。

在这种情况下，要想使品牌服务有效，必须教会员工亲身体验他们服务的品牌，因为对顾客而言，代表品牌的人就是品牌本身。假如员工表现不当，品牌与客户之间的关系就会崩溃。

教员工亲身体验品牌与人员治理有更多的相似之处，而不是传统的营销治理。

这也是为什么经营产品品牌，你可以用 75% 的时间、金钱和精力来影响顾客，而只用 25% 来应对剩下的一切；而经营服务品牌必须用至少50%的时间、金钱来影响自己的员工。二者优先考虑的内容正好相反，产品品牌以顾客为先，而服务品牌则以自身员工为先。

有一天，我去买衣服，看上一件上衣，但是正在犹豫选哪个颜色时，店员很自然地靠过来，问了我的需求，拿了几件可以搭配的裙裤，让我更明确了自己的需求。

帮客人搭配衣服其实一点也不稀奇，但让人欣慰的是那位店员满脸笑容的表情。她自己也穿着自家品牌的衣服，而且搭配得很好，而她的搭配建议也非常好。我问她是不是学过色彩搭配的技巧，她腼腆地说，完全没有，是通过每天的工作慢慢悟出来的。看得出，她是真心喜欢服装，也喜爱自己家的品牌，所以很用心而且很自然地想让顾客搭配得更好看一些，而她的建议的确不错，顾客自然也就愉快地接受了。

这就是通过员工展现品牌魅力的价值。

再以我熟悉的咖啡行业为例。在移动互联网时代，咖啡馆的运营越来越依靠社群活动，咖啡馆的“餐饮”属性正在日渐弱化，“社交”属性日益加强。

如果我们将一个咖啡馆比作一个社群的话，馆长就是群主，服务员就是群小二，顾客就是群成员，咖啡馆的调性就是社群的调性。

一个好的店长必须是一个社群运营达人。不但要懂咖啡、懂管理，而且要懂互动、懂社群。对一切有利于社群形成与发展的技术手段，都应尽快了解并学会使用。要服务好员工，让他们学会正确地与顾客交流、沟通。

一个只会闷头做咖啡的人，做不好咖啡馆。

同样，一个只会闷头做产品的企业，服务不好顾客。

在未来，品牌是一生的事情。顾客感受到的服务体验，就是企业的品牌价值。

雷克萨斯星丘店

雷克萨斯星丘店以服务周到而著称，被称为“雷克萨斯之巅”（King of LEXUS）。很多村上春树的粉丝考证后认为，村上春树于2013年出版的长篇小说《没有色彩的多崎作和他的巡礼之年》中所提及的雷克萨斯展厅，很有可能就是以星丘店为原型的。下面这段文字，描述的是小说主人公多崎作前往朋友青海悦夫工作的雷克萨斯店时的情景。

“多崎作走向前台，和坐在那里的年轻女孩攀谈起来。她的头发优雅地盘起，露出白皙修长的脖子。台子上的花瓶中，粉色和白色的大丽花开得正艳。”

其实，全日本的雷克萨斯经销店有一个统一的“发型指南”。头发按长度分为短发、中短发、中长发和长发，每一种都有规定造型，基本上是以“发型端庄大方，符合服务特点”为宗旨。

但是，星丘店将负责接待工作的女性员工的发型统一为一种，要求将头发全部盘起，不要有散下来的发丝，也就是所谓的“晚装发型”。对女性而言，发型是最重要的时尚元素之一，而且是展示个性的必要条件。在该项规定实施之前，管理者也和女性员工进行了沟通，最后本着“让顾客赏心悦目”的原则将员工的发型统一成这种。

假如你是一名雷克萨斯车主，碰巧从雷克萨斯星丘店旁驶过，你会发现，在经销店入口处，站着一位打扮得类似高档酒店门童的人。而就在你望过去的那一瞬间，他会面向你深深地鞠躬行礼。这既不是错觉，也不是偶然，而是星丘店特意安排的向雷克萨斯车主“致敬”的环节。

雷克萨斯星丘店之所以被车主们称道不已，享有“雷克萨斯金牌经销店”的美誉，皆源于以行礼为代表的服务精神。

•••••••

销售话术是一种负资产

在网络上随手一搜，便能找到很多类似下面的“营销话术宝典”类的书籍或文章：

《怎样提高销售成交——反客为主，用提问引导你的客户》

《销售员怎样拉近客户关系——利用提问引起客户的兴趣》

《销售话术：询问影响客户购买产品时间的因素》

《5 种销售话术，消除你与客户之间的距离感》

当“话术”成为一个销售人员的必修课时，我们的服务已经发生了变形。

相信很多人都在一些快时尚服装店或市场有过这样的体验。

当顾客进到一个服装店里面，马上有两个年轻漂亮的营业员上前来说“欢迎光临”，然后就不断追问顾客要买什么衣服，是上衣、休闲西装还是裤子。假如实在受不了她们的干扰，说“想随便看看”，她们便露出一副不高兴的表情。假如顾客想试某件衣服，她们又立即亲热起来，如果顾客是位女士，她们还会称呼其为“亲爱的”。然后顾客到试衣间换上了一件粉红色的连衣裙，感觉这件裙子让皮肤显得有点暗，所以不是很满意，但周围的营业员一直在试图告诉顾客：这件裙子非常合适，完美地展现出了顾客身材的优点——虽然所有人都知道这是一个谎言。这就是服装店常用的“话术”。

话术是为了操纵。

“话术”可能在一时一地是有效的，能够实现销售的增长，但并非长久之计。一个具有服务精神的企业，会对自己所有的推荐负责，把客人当亲人一样，耐心地弄清楚他们到底想要什么，然后给出负责任的建议方案。

说服力不是来自强有力的话术，而是靠业务人员在交流中表现出来的对顾客真正的理解和关心。所以在营销中，应当尽量避免以下“话术”：

夸大不实的讲解，让顾客无法相信。

使用过多专业术语，让顾客觉得自己无法理解对方在说什么。

引用不正确的调查资料，引起顾客的异议。

说得太多或听得太少，无法确实掌握顾客的需求。

展示失败，遭到顾客的质疑。

姿态过高，处处让顾客词穷，让顾客感觉不愉快。

在日常营销过程中，顾客表示怀疑乃至拒绝是很正常的现象。

面对顾客的反对、质疑乃至抨击，很多人的本能反应是表示否定和质疑：这绝不是真的！/才不是呢！/您从哪得到的信息？

但实际上，顾客的质疑和否定并不意味着真正的拒绝，因为大部分时候，批评与拒绝只是传达顾客对眼前产品或服务的不满，其实也间接传达出顾客仍有未被满足的需求。如果能站在对方的角度，以同理心去理解顾客，就不难明白顾客的真实想法了。

回想自己的购物经验，我们就会明白，面对推销时迟疑不决或批评挑剔，无非是希望能帮自己争取到更多时间，以免因仓促间做错了决定而后悔。同样，这也正是顾客迟迟无法做出承诺的原因。

因此，真正有效的办法不是诱导甚至强迫顾客快速地做出选择，而是让顾客建立信任，协助顾客发现他们自己的真实需求，并引导顾客完成心理状态的转化。一旦顾客发现我们的方案或建议真的可以帮助其解决问题，自然会接受甚至感谢我们的帮助。

最好的感觉，就像与顾客是好朋友一样，永远不强迫他们买东西，但他们却会反过来找我们买东西，而且还会推荐其他朋友一起来买。

水果摊的故事

一位老太太因为儿媳妇怀孕想吃酸李子，于是到水果摊买，老太太走到每一家水果摊，都问老板同一个问题："有李子卖吗？"

第一家水果摊的老板直接说："我们家的李子很

甜！”所以老太太没买。

第二家水果摊的老板先问了一句：“有酸的，有甜的，你要买哪一种？”所以老太太买了一斤酸的。

本来已经买好李子的老太太回家途中经过第三家水果摊，想再买一斤，在结账的时候和老板闲聊了一下，没想到老板问了一句：“客人都喜欢买甜的李子，你为什么要买酸的呢？”于是老太太说是因为儿媳妇怀孕想吃酸李子。

老板就特别提醒说：“孕妇多吃些富含维生素的水果，小孩会更聪明的！”老太太很有兴趣，便进一步问老板：“哪种水果维生素含量比较高？”老板回答：“当然是猕猴桃！”于是老太太又多买了一斤猕猴桃回家。之后，老太太更是常常来这家水果店买水果。

顾客爱占小便宜？那是我们的机会！

日本的超市巨头永旺集团在进军中国市场的时候，曾遭遇过严重的水土不服。

首先，在人流和动线的设计上，日本永旺并没有像中国超市那样对顾客进行严格的限制，所以超市的入口和出口是共用的。如果遇到素质不高的客人，很容易发生货品丢失的现象。

中国首家永旺超市在正式营业之后的很短时间内，就发生了大规模的丢货事件，迫使超市花费了巨大的代价进行空间结构的调整，最终设置成了与中国超市同样的结构。

大家可以说这是因为中国有部分民众素质不高，也可以说是因为永旺超市的市场调研做得不够好。

还有一个很有意思的现象是，日本永旺的塑料袋是可以任取的，日本的民众基本上形成了一种约定俗成的共识，用多少个拿多少个。但在中国，很多客人发现永旺的塑料袋不要钱，那岂不是不用花钱买垃圾袋了？于是成捆地从超市往外拿。

几个月之后，永旺发现，照这样的流失速度，塑料袋的供应根本不可能跟上，于是又不得已取消了塑料袋免费这一规定。

大家可以说，中国的顾客爱贪小便宜。

但如果我们换一个角度看，永旺超市的这个策略从一开始就错了。塑料袋免费，看似是一个很好的宣传卖点，但却没有充分考虑到后果。

任何生意人都知道，从收费到免费隔层纸，从免费到收费隔座山。客人在心里已经形成了“永旺的塑料袋可以随便拿”的印象，在这项其实非常微小的福利被取消后，客户的心理感受是极差的，一定会产生被剥夺感。即便是那些很守规矩、从不乱拿的顾客，某天突然要为别人的低素质买单，从此要单独为几个塑料袋付钱，心中肯定也感觉到委屈。

永旺的这一着棋，其实是给自己挖了一个很大的坑。

打开门做生意，就不能怕顾客贪小便宜。顾客不贪便宜、不喜欢打折，我们岂不是失去了促销这样的“倚天剑”和“屠龙刀”？如果做个免单促销或打折促销，连排队的人都没有，那得有多失败？

我们不能要求客人完美。客人喜欢占便宜，从服务的角度看，其实是给了我们一个接近他们的机会。

举个例子：山姆会员店是沃尔玛集团旗下的高端会员制商店，1983 年在美国创立，20 世纪 90 年代开始国际化扩张。山姆会员店进入中国市场的时候，曾引起过比较大的轰动，因为它将自己创建的“水果免费试吃”服务破天荒地引入中国，在市场上造成了较大的反响。

“免费试吃”不是一项创举，但山姆会员店却在试吃方式上做了创新。很多大型超市都有试吃活动，但基本上都是服务人员用牙签扎着食物递给客人。这样做的目的是控制成本，让客人不好意思多要，但给客人的体验其实是不好的。山姆会员店的创举是，服务人员只负责切水果，让客人自己拿牙签试吃，不限制试吃的数量和范围。山姆会员店凭借这一营销举措，成功地吸引了一批追求品质的客户。

但是，在“免费文化”大行其道的当下，我们看到，山姆会员店的免费试吃反而开始变成了鸡肋——说是“鸡肋”可能都有点太留情面了，某种程度上，这项促销活动已经变成了一种负担。

这是怎么回事呢?

因为山姆会员店为了节省成本，水果切得越来越小，用牙签去扎都有点儿费劲。很多会员现在基本已经没有在山姆会员店试吃的欲望了，因为去试吃就好像会让人感觉自己很爱占便宜。顾客没有试吃的欲望，也就没有停留的欲望，促销就失效了。

我看了一下网上的评价，发现还有一些客人也有类似的体验。

就想说说免费试吃。很多人抱着占便宜的心态，买不买都要试吃，这点确实不好，不过感觉超市里的服务员素质更差。

我昨天去香肠区想买香肠，尝了一个就把剩了很多肠的试杯放回去想留给别人吃，然后看看别的试杯还有什么口味的。结果那个服务员非常鄙视地对我说：“哎，你尝一个就行了哈。”然后把我放回去的给扔了。我只尝了一小块，剩很多的，她就那么给扔了，搞得我像是专门来占便宜的！这说明了什么？说明这些人都打心里瞧不起我们这些顾客！既然你弄个免费品尝，你就别摆出这副欠你钱的态度好吗！

如今有很多进口超市青出于蓝而胜于蓝，模仿了山姆会员店的理念，并在服务的细节上做得更好。比如华联集团旗下的 BHG，虽然是国产品牌，但服务完全不输山姆会员店，而且在试吃上做得更大方。水果可以免费试吃，而且促销的产品的确都非常优质，没有那种用劣质产品做促销的套路。当试吃到确实非常好的进口葡萄时，相信大家都愿意花钱买一些。

再以我熟悉的咖啡行业来说，很多创业者算不清这个账，不舍得用产品做促销，仿佛自己做的咖啡真的就是独一无二的艺术品。但是，我们要想一想，收获一个高黏度客户的成本高，还是一杯咖啡的物料成本高？

实际上，咖啡馆的最大投入并不是咖啡原材料，而在于环境氛围的营造和服务水平的提升，这才是成本的大头。而一杯咖啡的原材料成本呢？说句可能遭同行忌恨的大实话，也就几元钱。一个忠实的客户，到年底了送他几杯免费咖啡，或者用几杯免费咖啡换取一个忠实的客户，实在是一件非常划算的事情，不是吗？

真正的节省和成本控制，永远不能从客户利益那里去挖掘，而是要凭借自身的专业优势去找方法。比如随时关注蔬菜的价格，避免被供应商欺骗等，这才是正确的途径。

爱占便宜的顾客也是顾客，甚至可能是更容易被吸引、更愿意消费的顾客。

就让顾客多占一点儿便宜吧。

如何设计一个双赢的营销方案

有位北京本地人，社交广泛，不怎么缺钱。

他的一位朋友有房出租，地段极佳，让他帮忙找找合适的承租人。他一看那地方，觉得这么好的地方租给别人可惜了，就想自己租下来做点事。恰好另一位朋友是做羊肉生意的，专销内蒙古优质羊羔肉。三个人一合计，得，干脆开一家涮羊肉店吧，设备简单，管理也不复杂。房子是自己人的，便宜点儿租；羊肉也是自己人的，便宜点儿卖，重点在于开发市场，把涮肉品牌打响；客源也不愁啊，不说附近的客源，单凭三个人广泛的社交关系，拉上几十拨朋友不是问题吧，场子马上就热起来了。三个人越想越合适，于是凑了 200 万元，很快就把店开起来了。

朋友们也都给面子，刚开始每天都有人来捧场，场子火得一塌糊涂。但做着做着，问题就出现了。前期的火热场面很快就过去了，也没有带来新的客户群。按照他们的设想，一带十、十带百，客人应该越来越多才对啊，为什么回头客越来越少呢？

这就是当潮水退去之后现出的“原形”。

在朋友们捧场的火热日子里，这个店并没有把握住机会，进行菜品、管理和服务的提升。朋友们来了，服务员连招呼都不用打，把菜单往顾客面前一扔，羊肉往桌上一端，齐活了。都是朋友嘛，也不会提什么意见。尝了尝这羊肉，味道确实不错，但这价钱也确实有点儿高啊，比旁边张三的店贵了三成。虽然是朋友，给打了八折，好像是占了些便宜，但算下来其实还是比平均价格贵一成。心里有点不舒服，但又不能说出来，都是朋友嘛，谁不在乎个面子。

想必大家都已经猜到结局了。

再来看另一位朋友的例子。

这位朋友留学法国，学过酒店管理，回国后很怀念法式餐厅的浪漫情调，便决定开一家自己的法式西餐厅。搞定了投资、选址，在店内安放了经典的水晶吊灯、银幕屏风、鲜花餐桌和皮质家具，以及一整幕的红酒墙，一进门就能看见，非常扎眼、“上档次”。

做过餐饮的人都知道，与中餐厅相比，西餐厅很难一开始就出现火爆的场面，需要慢慢养店、养客流。为了尽快将餐厅的口碑做出来，老板也从身边的朋友和社交关系入手，邀请大家前来品尝。但与上一位朋友不同的是，他为“试吃”设定了三条规则。

第一，老板、经理级别的内部人员才可向朋友发出邀请。

第二，一周之内所有菜品全部免费，红酒除外。

第三，客人吃完“霸王餐”之后，必须回答一份由店方发放的调查问卷，对菜品和服务做出评价。

同样是用朋友聚人气，我们来看看这位老板的营销模式与上一位老板的不同。

第一位老板的方案显然是临时拍脑门想出来的，没有经过严密的设计，所有的“优惠”“打折”都在考虑自己，又想要人气，又不想亏本，没有考虑到作为客人的朋友的感受。

第二位老板的方案，不仅考虑到了自己的利益，也考虑到了客人的体验和情绪。

第一条规则对受邀群体进行筛选，确保了前来试吃的朋友都有与餐厅相匹配的消费能力和消费经验，目标受众非常明确而精准。

第二条规则更是神来之笔。首先，菜品全部免费，客人不会觉得你在防着他，用餐时的心情肯定是非常愉悦的，对问卷调查也就会回答得更仔细。其次，红酒虽然不免费，但红酒的利润率是最高的。客人穿着小礼服，打扮得优雅大方，吃着法国生蚝、龙虾，总不会喝白酒或啤酒吧。而那一面巨大的红酒墙，更是在客人进门的一瞬间就扎到了他们的潜意识里。如果服务人员建议方式得当，客人一般是不会拒绝的。一瓶高级红酒，定价 788 元，利润几乎就能抵扣客人一餐饭的成本，所以这一周根本亏不了多少钱。

第三条规则，如实地接收客人对菜品和服务的反馈。而且免费并不意味着客人就会一味说好，因为试吃客户选择得当，基本都有丰富的西餐就餐经验，所以往往能提出很多中肯的意见，这其实就相当于客人在帮餐厅支着儿。

所以，这一家店的促销方案让“免费试吃”的噱头打出去了，广告效应得到了，客户真实的意见也拿到了，而且并没有花费太大的成本。显然，这是经过周密的思考和设计的，而不是临时起意拍脑门拍出来的。

毫无疑问，这家店开业后非常成功，一天的营业额可以达到10万。

这就是专业与不专业的区别。缺乏服务专业知识，往往容易“以己度人”，以自己的好恶来代替客户的体验，在实践中就会栽跟头。

我自己也以小股东的身份参与了几家餐饮企业的创办，发现创业者们确实太容易头脑发热，在股权架构、品牌保护等方面都存在很多问题。等到初期的热情消散，矛盾开始显现，就觉得灰心丧气，但这才是最考验功力的时候。

尤其是服务，由于细节太多，流程和管理太复杂，一不小心就容易出现急速的滑坡。“从善如登，从恶如崩”，套用在服务上完全适用。

同样，营销上也很容易陷入滑坡危机。初期的香港武侠电影，一招一式都有固定的套路，你这样一拳过来，我就这样一挡。很多创业者或管理人员，也是以这种思路在做营销，就像第一位老板那样，以为我这样一打折，客流就增长多少。他们没有想到的是，这一拳出去，对方直接一脚踢过来，该怎么办？

一个符合服务精神的营销设计，不会追求虚假繁荣，而是会从企业和客户的视角考虑问题，寻找双赢乃至多赢的解决方案。

其中的关键，在于站在客户视角审视你的营销方案，而非从自身的利益出发，什么都想抓在手里。

能量是守恒的，价值也是守恒的。想得到一些东西，就要放弃另一些东西。

在客人那里的付出，也终究会得到客人的回报。

小店真的不需要品牌吗

路边小店的未来在哪里？随着国家政策的调整，餐饮业一方面越来越趋于理智，很多浮华的连锁品牌日渐消失，“大店火不过小店”似乎成了一种新的趋势，以深耕市场、细分市场的单品店为代表的小微餐饮业态逐渐成为餐饮市场的生力军。

这种变化是快节奏的城市生活对餐饮细分的必然要求。大部分上班族不会在思考午餐吃什么上耗费太多时间成本，也不会先到饭店里坐下再点餐，一定是先想好了吃什么，然后再去找相应的餐馆。在快节奏、重压力下，餐饮的决策时间正变得越来越短，这给小微餐饮店创造了很好的市场机遇。

但另一方面，我们看到很多小店的创业者还沿用原来的经营思路，停留在低水平的同质化竞争，只管“吃得饱”，不管“吃得好”，依然在使用地沟油，对顾客没有任何服务意识，对与顾客沟通也没有任何兴趣，更遑论管理了。所以我们看到，很多街边小店每年都会走马灯似的改头换面。

在这种情况下，很多小店老板开始抱怨连连：

> 房租每年都在涨，房东经常不按常理出牌。
>
> 人工每年都在变贵。
>
> 原材料成本不断上涨。
>
> 工商、税务、卫生部门越来越严格，靠“打点”一下钻空子的可能性越来越小。

这种种变化都是真实的、正在发生的，也确实让小餐馆老板的日子越来越难熬。但是，在抱怨之外，我们还能做什么呢？有没有解决办法呢？很多人并没有在这方面努力思考，只是停留在抱怨阶段。很多厨艺很好的老板越来越感叹时代变化快，空有数十年本领，却怀才不遇。

还有一些老板，在食材、制作环节牺牲品质，导致顾客体验每况愈下，实际上是将上涨的成本“转嫁”到顾客身上，让顾客为之买单——结果是顾客纷纷离开，小店也就跟着倒闭了。

中国的餐饮业是一个极具规模的庞大市场——不管怎样，人总要吃饭，所以这个行业会持续发展下去，只是会不断升级换代而已。说句残酷点儿的话，这些路边小店被淘汰，除了小部分是因为一些不可抗力——时运不济，大部分都是“消费升级”背景下的必然牺牲品。就像落后产能一样，且不说这些小店自身成本的提高、与同行的竞争，还有更多新的店铺形式在虎视眈眈，试图取代它们，比如便利店、外卖、轻食店等。

所以上面的那些抱怨，真的不是理由。比如说工商、卫生越来越严格，作为一个从业者，我觉得这反而是好事。之前还有些“钻空子”的空间，很多人就钻研怎么钻这个空子，反而不在管理上下功夫。而现在一视同仁了，就给真正在产品、服务上下功夫的企业创造了机会。那些因为卫生等问题被迫关门的，大部分都是在行业内“混日子”的店铺，对顾客体验愉快与否不闻不问。

举个最简单的例子，在我眼里，沙县小吃是一个遍布全国、店面品质最参差不齐的品牌，但我家楼下的沙县小吃打破了我对这个品牌的固有印象，它紧紧地抓住了白领阶层的需求特点。

首先是它的食材非常新鲜、健康。越是简单的餐品，对食材的要求越高。你能明显尝出它的味道跟一般的沙县小吃不一样。它选用的食材都是老板自己去菜市场采购的，都是真材实料，制作中也不会偷工减料。

其次，这家店的店面虽不大，但是干净整洁，没有很多小店那种脏乱的感觉。大家都认为餐饮的卫生是最重要的，而保持店面的卫生主要靠用心，不需要付出太多的财务成本，但实际上很多街边小店却懒得去做。

这家店开了很多年了，生意一直很好，哪怕房租一直在涨，人工成本一直在增加。

市场在倒逼从业者改进服务，也在倒逼“小老板”们改变自身的角色定位。

之前大家都是简单的生产者，等客人坐下来，选择自己想吃的食物，下单、吃饭、买单、走人。

但现在不同了，大家用在决策上的时间越来越短，但对品质的要求越来越高。一个“小老板”，必须以一个品牌代言人的身份，为自己的客户“把关”，辅助客户做出决定，降低他们的决策成本。而不是像以往那样坐在台子后面，等顾客找上门来。

第五章

打造极致的服务团队

如果我们的眼睛只看着自己脚下的路，而不去看客人脚下的路，总有一天客人会和我们分道扬镳。曾经，客人想怎样走，老板或总经理看着就好了。现在，老板更难做了，他 / 她必须带着全部的员工，去观察、思考客人会往哪里走。

我们的客户到底是谁

公司不能保证你的饭碗。只有让顾客满意，才能保住饭碗。

——杰克·韦尔奇

那天，我向一位同人感慨："能够真正站在整体角度考虑问题的人太少了。"这是有感而发，因为很多服务人员安于做一颗"螺丝钉"，视"工作职责"之外的事情为额外的负担。有时候这种"负担"并不需要花多大的力气，还可以让客人的感受提升一个档次，但很多人都不会去做。甚至是一个店面的经理，也经常向老板抱怨出了什么问题，但是，经理就应该是解决问题的人啊。

造成这种局面的原因是多方面的，其中包括整个社会经济环境的变迁，也包括新一代城市移民不同的生活诉求和性格特征。但还有一点是非常重要的，即大家还没有普遍认可"服务"的价值，也没有试图从“服务”的角度去理解我们所做的事情，虽然我们称自己所从事的行业为“服务业”，虽然“服务业”在整个经济结构中所占的比重越来越大。

下面是我们通常意义上理解的服务业结构。

员工：寻找“好”老板，“好”的意思是活少钱多管理松。

老板：寻找“好”顾客，“好”的意思是人傻钱多易伺候。

顾客：寻找“好”服务，“好”的意思是花钱少、服务好、性价比高。

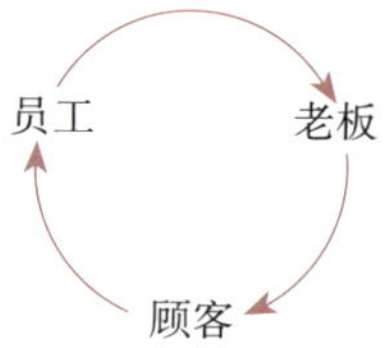

这种理解方式是现在的主流思维模式，但里面存在很大的问题。什么问题呢？即所有人都沿着“价值获得”的路线在思考问题，而没有沿着“价值创造”或“服务精神”的路线进行思考。

如果我们换一个角度，从“服务精神”的角度来理解问题，那么这个闭合的链条应该是这样的：

员工：我要为顾客提供优质的服务，只有这样，顾客才愿意付费给企业，我才能分享企业成长的收益。

老板：我要为员工提供更好的技能培训和工作环境，只有这样，员工才能为顾客提供更好的服务，顾客才愿意付出更多的费用。

顾客：我要理解获取优秀的服务是要付出成本的，为了获取优秀的服务，我愿意付费，这样企业才能培育出更好的员工，提供更好的服务。

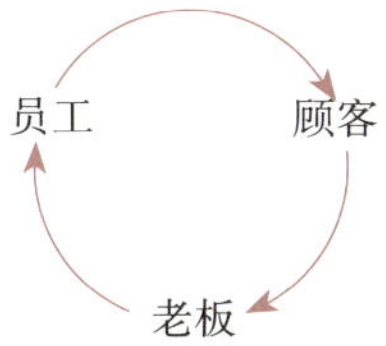

这两种思维方式不是绝对的，只是一种理论化的情形。但在实际的工作中，从不同的角度思考得多一点，确实会对一个行业或企业的氛围造成很大的影响，也关系到我们会给顾客带去怎样的体验。

无论如何，从结果上看，第一种思维方式会导致一个各方都受损的“共输”局面：员工们无法得到专业技能的提升，客人无法得到更好的专业服务，“老板”或企业也因此无法获得更好的效益。

如何让这样一个价值“逆循环”变成“正循环”，正是服务精神视角下团队构建的核心。

我们的内部管理和团队培训，也都应该按照这样的思路展开。首先要做的，就是让整个团队，包括老板、管理人员、一线服务人员，共同理解这个价值循环的关系，理解“顾客”是谁。

顾客分两种：外部顾客，包括消费者、经销商等；内部顾客，包括依靠我们所提供的服务、产品或信息来完成工作的同事、上下级等。

从这个角度看，一线员工最重要的顾客是消费者，而老板最重要的顾客是一线员工。

企业与员工之间的关系和企业与顾客之间的关系其实在本质上是相同的，劳资双方并不应该是对立的，而应该站在同一立场上相互合作，通过价值链的串联，不断提高各自的价值。也只有这样，才能建立起企业和员工的一致性，使企业管理进入良性循环，最终使企业成为一个伟大的组织。当企业、员工、顾客甚至供应商等相关利益人的利益具有一致性时，这种商业模式必然会是良性的，也必然会走向成功。

如果一个团队的所有成员都能在这一点上达成共识，他们做起事来就会非常顺畅，而且会形成一种正向积累的循环。

员工为什么不喜欢培训

如果没有希尔顿的员工队伍，希尔顿酒店只是一栋建筑。

——希尔顿酒店

那天，我与一个在服务一线工作了近20年的行业“老兵”交流，聊着聊着他就忍不住开始“吐槽”了。

老兵：“现在的‘小朋友’真是越来越难带了啊。”

我：“你是指哪个方面呢？”

老兵：“应该说‘90后’‘95后’对服务工作的理解跟我们完全不一样吧。”

我：“能不能举个具体的例子呢？”

老兵：“比如说，我们最近请了一个大咖来做培训，我觉得人家还是有真才实学的，想让员工们多跟着学一学练一练，所以就规定下班后用半个小时分批操练一下，让大家学以致用，但他们都不领情啊，觉得是增加了额外的工作。说实话，我也有点迷茫啊，不知道自己做得对不对。我的想法是，提升一下业务水平，才能拿更高的收入，自己也更有尊严。但现在的孩子们，跟我们的想法完全不一样。我们想的是怎么才能拿更多的工资，他们想的是怎么能干更少的活儿。天天都在货比三家，哪边的老板管理更松散，他们就往哪儿跳。服务业真是越来越难做了呀。”

“服务业越来越难做”——这是一线管理者这几年来共同面临的难题。社会上和网络上的讨论也分为两派：一派认为“90后”、“95后”乃至“00后”的员工“挫折商”太低，职业素养普遍不高，需要加强职业训练；另一派认为现在的管理者们管理方式太过僵化，管理思路太落后，习惯了“命令式”的管理和培训方式，不能适应新生代从业者的特点，他们才是需要改变的一方。

作为一家服务企业的创始人和管理人员，我更愿意从自身的角度去反思，思考为什么我们的员工不认可服务的专业性，也不尊重自己的岗位。

我偶尔会想起在网上看到的辽宁丹东某饭店的员工“培训”视频，一个个正处在最好年华的女孩子，像“打了鸡血”一样做着夸张而急促的动作，嘴里喊着非常“正能量”的口号：“我要用全身心的爱来迎接今天！”“我要让爱成为我最大的武器！”“加油！加油！加油！”……一开始穿戴整齐的女员工，最后被折腾得衣衫不整。最后还要接受“倒地爬起”的“特训”，让人看着尤为心酸。旁边站着几位领导模样的人，在十几分钟的时间内一直冷眼旁观……

这种以伤害人的尊严为代价的“培训”，真的能培养出满怀热情的员工吗？恐怕只能让她们更加讨厌这份工作吧。

所有的服务，最终都是要看人的。军事化的培训可以做出表面的效果，但得不到员工内心深处的认同。依靠“强权”设立“变态”标准的企业，其员工有可能表面上顺从，但一定不会心甘情愿。

企业若想满足顾客的需求，提升服务水平以获取消费者的认可，必须先获得员工的认可，因为员工是最终面向消费者展示企业理念及服务的人，甚至可说是企业与消费者之间的纽带。

很多企业将运营的重点直接放在了利润上，紧盯着利润的毫厘增减，而忽略了企业管理中极其重要的人性因素。真正优秀的企业却懂得将员工视为企业利润来源的重要一环，明白一个真正成功的企业，并不是依靠老板一个人，而是依赖整个团队的。

一个企业的企业文化，并不是《员工手册》或《服务手册》上写下的文本，而是在实际工作中所遵循的方式和价值观。同事之间是相互微笑还是冷漠以对，员工的主要精力是放在精进业务还是人际关系上，沟通方式是命令式的还是探讨式的，这些才是能看出一个企业真正秉承何种价值观的地方。

尤其是在服务行业，人的情绪是非常重要的，员工的情绪直接关系到服务的质量。如何能让员工长时间地以饱满、热情的精神去为顾客服务，是每一个服务企业都面临的巨大挑战。就像“做一件好事不难，难的是一辈子做好事”，一个服务型企业能不能在行业内持续领先，关键在于员工能不能长久地维持一贯的服务标准，而这取决于企业能不能为员工营造一个稳定的工作氛围——包括物质上和精神上的。

比员工更需要培训的是老板

唯有当员工感受到有人以爱待他，他才会将心比心去善待顾客。

——鼎泰丰创始人　杨纪华

“顾客永远是对的。”

“顾客的满意就是我们的目标。”

“三个月实现业绩翻番。”

……

口号人人都会喊，但怎么做到？

我们有太多的老板（包括高级管理人员）有目标，没方法。

“这个月营业额要达到 30 万。”但怎么才能做到呢？这才是考验一个管理者能力的地方。

管理者，必须能够把大目标拆解为一个个可实现的步骤，然后带领、督促员工去执行。

如果仅仅是定下目标，那么谁都可以当CEO。

同样，在培训团队方面，如果管理者都不懂服务的管理与设计，那么如何才能培训出合格的员工呢？优秀的员工可不是天上掉下来的。

请看下面一个场景：

某餐厅的服务员正拿着小本子站在某张大桌旁边，等待七八个客人下单。

服务员："您好，您想吃点什么？"

客人A（面向大家）："来来，大家看看菜单。"

客人B："这个××好像不错，量挺大的，咱们可以分一下。"

客人C："那可以点一份。"

客人D："那还不如点这个××呢，都是牛肉，量也不小，但这个是招牌。"

客人C："好像可以啊。"

……

五分钟过去了，客人们还没有决定最后的菜单。在这期间，这位服务员一直面带微笑地站着，等待客人们讨论完毕。

这样的场面，我想大家应该能经常见到。这位服务员显然很有耐心，这是一个好的品质，但他在专业上却并不合格。

显然，他的老板或上司没有把正确的做事方法教给他。或者说，他们也不知道什么是正确的方法。

仅仅态度好的服务并不是专业的服务。专业的服务是要能够为顾客提供解决方案。

去过香港的朋友可能会对那边的餐饮服务留下比较深刻的印象。很多香港餐厅雇用的都是有一点年纪的“阿姨”级服务员。她们的态度可能不是特别亲切，但那种专业性和那股劲头是我们很多年轻小姑娘所没有的。她们能在很短的时间内了解顾客的需求，并推荐最合适的招牌菜，而且她们的推荐一般都比较靠谱，不会让顾客等很长时间。

我们推荐的，一定是品质和供应最有保障的。就这样一个简单的标准，很多餐饮企业却做不到。经常是推荐完之后过了半个小时菜还没有上来，把客人期待的心情完全破坏，甚至使之变成了焦虑。

老板或管理人员不专业，就会导致培训不专业，这对一个企业的服务质量来说是致命的。老板或“高管”容易犯的错误还有以下两个。

第一，因为“位高权重”而失去了到一线面对顾客的机会，丧失了对服务的敏感度和意识。

第二，管理方式粗暴，只会惩罚、呵斥员工，不懂得关心、鼓励员工。企业关心员工，员工才会关心顾客。我们不可以要求一个前一分钟才被痛斥一顿的员工，在后一分钟就马上对顾客展现亲切的笑容，并耐心地为顾客提供良好的服务。

东京迪士尼的员工培训方法①

东京迪士尼有90%以上的员工都是勤工俭学的在校学生，可以说工作经验很少，基本完全靠培训才能适应专业的服务工作。

既然招收的人才素质一般，那究竟是什么魔力让他们一直以来保持快乐、极致的服务水平，至今不衰呢？

足够丰富、清楚的教育训练

迪士尼的经营目标是制造欢乐（give happiness），换句话说，就是提供幸福，而为了让所有员工在进公司的时候就清楚明白这个经营目标，它们在解说“制造欢乐”的意义上，就要花掉一天半的时间。培训课程会从迪士尼的背景历史开始讲解，除了熟悉创办人华特·迪士尼创办迪士尼的初衷，也必须认识每位卡通人物，像是米老鼠为什么诞生，它能带给宾客什么样的快乐等。

接下来，专职进行培训的人员会教导新人，让他们了解自己所属部门的目标。例如，新人若被分派到商品部，那么他要知道该部门的团队使命就是“让宾

① 参考《迪士尼把员工变一流的教练模式：提升效率、翻转业绩的18个管理诀窍！》，（日）大住力著，大乐文化。

客回家后，也会想起在乐园里的欢乐回忆”。这样的理念教育，会花掉两个工作日。

即便是对一个打工的学生，迪士尼都会花最多的时间进行教育训练，其目的只有一个：确保每个员工都可以清楚知道迪士尼的最高愿景。

是“完成工作的基本作业”，还是“达成工作的使命”

迪士尼拒绝将绩效包括在“工作”范畴里。它对工作的定义，是员工自发做的与企业价值观或使命相关的事情。

东京迪士尼要求不断通过几个问题，促使员工思考、自动自发地认识工作的意义与价值，这些问题包括：这个工作为何存在？为什么是由我来做这个工作？这个工作对企业有什么样的贡献？

让员工提供优质服务的必要条件，其实并不是鞭策员工，而是让他们理解自己存在的意义。

思考自己在团队中的角色

迪士尼关注团队中的任何一个角色，包括负责后勤的“配角”。

在某次会议中，众人发现停车场的投诉比例偏高，大家正在讨论问题时，有个声音响起：“那是因为我们负责的区域没有米老鼠，也没有烟火可以看，而且在园区以外的地方，根本没有人喜欢……”声音来自一位恰巧在停车场里工作的员工。

停车场位于园区范围之外，甚至连迪士尼播放的音乐都听不到。那位在停车场内工作的员工其实想要表达的是“他的工作区域缺乏魅力”，但当时其他部门的员工却找不到合适的理由反驳他，以至于众人都惊慌失措，哑口无言。

此时，竟有另外一名女性员工出来说话了：“我们没有人能像停车场的员工一样，总是站在第一线迎接顾客，又目送顾客离开，他们肩负着很重大的职责。”

语毕，那位停车场的员工不禁动容，也把这段话带回去给其他同事。自此之后，停车场的投诉也减少了。

制定每个人都看得懂的 SOP 与工作守则

迪士尼要求工作手册或 SOP 的描述具体、精确，而且落实到手册里的要求要坚决执行。

以“站姿端正”为例，不同人对于“端正”会有不同解读，若可以把要求表达得更精准，所有人的表现就不会有太大差别。

在迪士尼里，“端正”的意思被精准化为“让腹部维持凹进去的状态”。让员工以收缩小腹的状态直立不动，自然能让每个人达到抬头挺胸的一致标准。

·······

迪士尼的标准，对我们来说可能太高了，但在理念和方向上有值得我们参考和借鉴的地方。

以第一条“入职培训”为例，让新员工了解企业价值观和文化，都是老生常谈，但大部分中国企业都在做样子，没有真正把入职培训当一件值得严肃对待的事情来做。

在国际酒店工作过的人都知道，它们对入职培训是非常严肃和认真的，而且敢于投入成本。新入职的员工，前一周的时间可以什么都不做，就在不同的岗位和区域观看，看别人是怎么做的，看企业做事的标准和态度是什么。

而中国的酒店餐饮企业呢？新员工来了往往是交代两句就扔给“老人”带着，然后“老人”就安排他 / 她先去干最脏最累的活儿，刷盘子、扫地、倒垃圾，让新来的年轻人高涨的士气一下子就落了下来。

如果我们换一个思路，向优秀的企业学习一下，让员工自己主动观察、学习，主动提出帮忙的要求，又会怎么样呢？他 / 她发现自己做不了技术难度更高的工作，可能就主动要求从基础的工作做起，擦桌子、倒垃圾。虽然做的事情是一样的，但这两种不同的方式给员工带来的心理体验是完全不同的，甚至直接决定了员工未来几年的工作心态。

到海底捞挖人有用吗

每一个工会会员都必须明白一个基本道理，我们不是在执行公司命令去关心员工，而是真正意识到我们都是人，每个人都需要关心与被关心，而这个关心基于一种信念，那就是“人生而平等”。

——海底捞创始人　张勇

让我们继续团队服务力建设的话题。

有些老板觉得，培训太麻烦了，而且自己也不专业，干脆从别人那里挖人吧。

听说海底捞的服务是最好的，就从海底捞挖，我愿意出高薪。

海底捞对服务业服务质量提升的价值是不言而喻的。自从海底捞成为中国的明星企业后，“服务制胜”的理念开始成为一些企业家尤其是餐饮业老板的追求。北大教授黄铁鹰在研究了海底捞之后，写了一本叫《海底捞你学不会》的书。后来又有人写了本《海底捞你学得会》。从海底捞开始，“服务”真正开始在中国成为一个关键词。

至于海底捞到底学不学得会，时间已经给出了答案：学不会。迄今为止，在中国，能将服务品质做成核心竞争力的企业，真正称得上标杆的可能只有海底捞。我曾经与某著名连锁餐饮企业的高层管理人员交流，想弄明白海底捞到底为什么学不会。

他告诉我，想走海底捞捷径的大有人在，很多企业都试图从海底捞“挖人”，想直接复制另一个海底捞，但事实上没有人能够成功。他所服务的企业也曾经引进海底捞的中高层管理人员，却发现这位从海底捞过来的“空降兵”完全发挥不出其在海底捞的功能和价值。他可以明确地说出海底捞的标准，但要让他带领整个团队执行这个标准，却比登天还难。

问题在于，海底捞真正的成功在于它的那套体系，这个体系是用了几十年的时间研发出来的，并非一朝一夕之功，也不是一两个内部员工就能复制出来的。举个简单的例子，在海底捞，任何一个服务员都可以大胆地为店内的任意客人提供一些“额外”的服务，而不用担心其本身负责的那桌客人和所谓的“工作范围”，因为他/她知道自己的同事一定会为自己补位，就像他/她也同样会为别的同事补位。但在一般的餐饮企业，很难做到这一点。即便挖过来的“空降兵”十分努力地按照海底捞的标准做事，但如果其他任何一个环节跟不上，整个链条就断了。

这就像打篮球一样，一个职业队伍的五名球员之间要达到相当程度的默契，甚至一个眼神就能让同伴心领神会。为了做到这一点，就需要不断地对团队整体进行训练、强化，再训练、再强化，一直到五个人像“合体”一样心有灵犀。喜欢看篮球的朋友应该知道，圣安东尼奥马刺队就曾凭借这样一套流畅的体系在高手如云的NBA（美国男子职业篮球联赛）所向披靡。

从海底捞挖“空降兵”，相当于挖了一个个人能力特别强的球员，但如果这个球员的行事风格与整个团队的氛围有偏差，依然无济于事。这位朋友告诉我，很多从海底捞出来的人最后又都回去了。为什么呢？因为脱离那种独特的文化氛围后，很多人并不能适应外面的企业。比如一个中层的经理被挖到另一家餐饮企业做管理，他会发现，一些在海底捞属于基础标准的工作，要在别的企业也做到可能就难于登天。他可能非常努力地设立标准，也非常努力地培训员工，眼睛紧紧盯着每一个细节，但就是打造不出一支与海底捞相同的队伍。这时候他才发现，自己虽然曾经是海底捞的管理人员，但依然只知道海底捞是如何做的，而不清楚这种做法是如何建立起来的。

当一个人无法融入一个更大的体系后，分裂就会产生。海底捞来的员工会质疑其他员工为什么都如此不负责，自己尽心尽力想为客人提供更好的服务，但其他人根本不能理解为何要“多此一举”，不仅不为自己“补位”，反而还会站在一边冷嘲热讽。其他员工就会觉得海底捞来的员工太虚伪：我们的工资就这么点儿，何必要那么卖命；你这么努力地表现自己，显得我们其他人好像都不努力一样，这不是有意加大我们的工作量吗！

因此，海底捞最厉害的，就在于这样一套人力资源体系。而为了建立、磨合这套体系，它们也付出了巨大的努力和心血。海底捞员工的工资差不多要高出同行业 10%，这还不包括其他的福利。为了让员工的孩子能上学，海底捞光学校就建了不少，这都是巨大的财务支出。更难的是，要让每一个新员工都认同、接受海底捞的企业文化，并按照海底捞的标准去做事，这可不是光花钱就能做到的——海底捞也发生过店员和顾客发生争执甚至拿了顾客买单的钱就跑掉的情况。

这样一说，我们应该就能想象得到，为什么海底捞是不可能被复制的。因为即便是在海底捞，要让新员工快速融入企业文化也是不可能的，那只存在于想象或愿望当中。为了让每一个员工都尽快地融入企业的文化和价值诉求，管理团队在顾客看不见的地方，要至少付出十倍的努力。

每个员工都需要权力空间

很多老板看不上自己的员工，认为企业的问题都出在他们身上，认为他们的能力达不到自己的要求，因此尽管自己已经分身乏术，仍然紧握大权，事必躬亲。殊不知，这恰恰是老板本人的管理素质有待提高的一个重要信号。有这样心态的老板，如果不能改变对员工的认识，进而改变自己的管理方式，他的企业就很难再有大的发展。

被老板看不起的员工，大部分真的会变差——在工作能力上。为什么？他们失去了自信。

自信对一个人来说是非常重要的，不管是在私人领域，还是在工作领域。

如果一个员工真的认可了老板或其他权威人士的评价，认为自己不行，那他最后可能真的就不行了。

为什么呢？因为一个人越不自信，就越怕犯错，就越缺乏创造性地解决问题的能力，犯的错误就会越多。

从心理学的角度看，这就是一种“自我实现的预言”。

所以，老板应该有足够的包容心，要允许员工犯错，给予员工自主决策的空间。

所谓的自主决策，其实就是选择权。选择权就意味着，这片领地属于员工，哪怕再小，都是由他自己说了算。当然，员工决策错误也要承担相应的责任。

没有选择权和“领地”的员工，从好的方面看是“听话”，老板说什么就做什么，似乎执行力很强，但另一方面，没有选择权，也就导致没有责任感，因为他不需要对结果负责。这样的员工，也就丧失了成长的机会和空间。

因此，我认为，如何对待员工的错误是检验一个管理人员水平高低最好的标尺。

最差的一种，就是被自己的情绪控制，在顾客或同事面前大声斥责犯错的员工。

任何有责任心的管理人员看见员工犯错都会生气，这是非常正常的现象，但是能否控制自己的情绪，并进行妥善的处理，就是管理水平的问题了。

这里举一个例子。

有一天我带儿子到一家西餐厅吃饭，儿子点了一份黑椒牛柳意大利面。不一会儿，替我们下单的小姑娘过来说：“实在不好意思，黑椒意面是周一到周五才有，因为我是新来的，对菜单还不是很熟悉，您看能不能换一份别的？”她在解释的时候比较真诚，确实能让人感觉到她很不好意思，同时也面带微笑。

但显然，她的解释是存在一些问题的。比如，她说的“我是新来的”这个常用的理由，说明餐厅的培训并不到位，把不熟练的人员也派上桌服务。其实她可以做得更好——第一，表示歉意并请顾客重新下单；第二，表示自己承担责任；第三，不需要用“我是新来的”作为借口。

不过她及她的上司或老板也有做得比较好的地方。第一，她没有将错误推到客人的头上，没有对我说“菜单上写着呢”这种话，让客人感觉自己错了，而是表示自己愿意为这次错误负责。第二，她在解释的时候，并没有很窘迫或者带着情绪，这说明她并没有受到上级的严厉指责，说明这家企业的管理并不粗暴。

可以说，这家餐厅对员工犯错的处理方式，基本是合格的。

我总结了一下自己多年的管理经验，认为管理人员对于犯错的员工，采取下面这样一个处理流程是比较合理的。

时刻关注违规的行为和现象，当员工出现违规行为时立即制止，但不要当时当地解决。

冷静下来，分析情况，解决问题，为客人提供恰当的服务。

将员工带离现场，找一个单独的、让员工感到安全的空间。

仔细解释违规行为的性质，并表明期望员工认真改正。

当纠正员工的错误和缺点时，要采取尊重的态度，顾及员工的自尊心和自信心。

表示对员工的信任，相信他有能力做出必要的改进。

总结违规行为的具体后果，并追究相应的责任。

如果员工情绪低落，需要进行必要的安抚。

在这个过程中，需要特别注意以下三点。

第一，永远不要在客人和同事面前指责员工。

第二，用员工听得懂的话陈述公司纪律及规则，并解释制定这些规则的原因。

第三，公正地对待每一位员工。

只有本着这样一种态度，员工才能够在犯错的过程中不断进步，从而具备创造性地解决问题的能力，并有机会成长为合格的管理人才，而不会变成一颗无责任感、无创造力的螺丝钉。

我自己有一个以 SAYES 命名的服装品牌。我在观察、学习日本服装企业时发现，日本很多服装品牌的店长、设计师或营销人员，最开始都是从一线的销售员——或者从服务的角度看，是从一线的客户服务员成长起来的。企业提供整个大的平台，而员工的个人职业生涯规划全部靠自己决定，每个人都有自己的选择空间，无论是想自己开店做店长，还是走到幕后从事研发工作，或是从事营销工作，企业基本都会支持，而且愿意给员工提供改正错误和成长的机会。

这样构建出的人才梯队，怎么会没有战斗力呢？

第六章

建立企业服务文化

一个人的原生家庭，会为一个人的生命描上某种底色。如果一个孩子得不到足够的爱，他很可能就会变成一个自卑的人，而一个企业，是一个人的第二家庭，它奠定着一个人的社会底色。我们的企业在塑造什么样的员工呢？是自卑的、紧张的、压抑的，还是自信的、流动的、自由的？

中国需要一场服务精神的变革

今天的中国遗漏的也许不是创新的传统，而是更基本的东西——信任。只有当一个社会充满信任时，人们才会不断创新，因为人只有在感到安全并愿意承担风险时，才会做出创新所需要的长期承诺。

——诺贝尔经济学奖得主　弗里德曼

2015 年 8 月 24 日，浙江温州，一幕惨剧突然发生。在一家火锅店里，一个 19 岁的服务生端起滚烫的开水淋到一位正在用餐的顾客身上。被浇的女客人当即全身烟雾蒸腾，事后被诊断为重度烫伤，烫伤面积高达 42%。

悲剧的起因其实是一件很小的事情，当客人要求在火锅里加水的时候，这位服务生提出了不同的意见。于是女客人抱怨服务员服务态度不好，表示要向经理投诉他，而且把这种不愉快的体验发到了微博上。服务生想让客人删除微博，但沟通无果，因此决定“报复她”。

毫无疑问，这是一起恶劣的伤人案件，这个年轻的服务生没有任何推卸责任的借口。但是，在我们感到愤怒的同时，有没有想过，为什么这个年轻人对人缺乏基本的同理心？可以说，他对别人的痛苦缺乏基本的感知能力，不然不会因为几句争吵就爆发出如此大的负能量。没有人生下来就是充满负能量的，可以想象，这个男孩在成长和工作的环境中应该是受到过一些伤害、压迫，才会做出这种伤人伤己的事情。想象一下，假如这个年轻人是工作在一个充满善意和温暖的环境里，假如客人、老板都待他如亲人，他还会下如此狠手吗？

这更像是一个让人伤心的因果循环。可能这个年轻人平时受到的大多是粗暴的对待，所以女顾客有些过分的言辞便成为压倒骆驼的最后一根稻草。他在事后接受记者采访时表示，女客人从一开始就让他感到“很不舒服”，因为客人自始至终都以“喂”来称呼他，从来没叫过“服务员”，说话的语气也“很拽”，“看我的时候就是瞪着我”。事实上，中国蓝领人员的工作环境是非常糟糕的——不仅包括服务环境，还包括心理环境。

在我们的服务关系中，很多时候，服务人员与被服务人员相互之间缺乏基本的尊重，所以出现了很多让人哭笑不得的段子，比如“不要跟服务员争吵，免得他往菜里吐口水”。顾客越不宽容，服务人员心里郁积的愤懑就越浓厚，直到有一天“火山爆发”。很多老板也不能为员工提供足够的心理支持，只是一味地要求员工“以顾客为上帝”，自己却不能以身作则，也没有理解“以顾客为上帝”是有前提的，这并不意味着顾客就可以任意伤害甚至侮辱服务人员。

所以我希望大家不要过度指责这个犯错了的年轻人，他也没有被真正地爱护过，内心没办法化解顾客的指责和攻击。假如他能理解那位顾客的傲慢情绪背后其实是不自信和恐慌，便能更平和地处理这件事情。但遗憾的是，没有人对他讲过这些道理。

指责一个没有被呵护、关心过的年轻人，并没有太大的意义。如果不打破这种恶性循环，类似的事件可能还会不断上演。如果我们学不会平等和尊重——无论是顾客还是服务人员——就永远不会得到发自内心的礼遇。

这是一个整体性、结构性的社会问题，不是某个顾客、某个服务人员的问题。在雪崩时，没有一片雪花是无辜的。

因此，我们呼唤一场服务精神的变革，呼唤顾客与服务人员之间的人格平等，呼唤人与人之间基本的尊重，呼唤一种相互理解而非相互伤害的服务与被服务的关系。

“跪式服务”背后是人格平等

假如你没有纯洁的心，即使你清洁双手，为你的用具抹去灰尘，一切也是徒然。

——日本“茶圣” 千利休

日本服务业的敬业精神令人佩服，这已经不是新闻了。日本人在服务上的钻研程度，让习惯了“中式服务”的我们不得不感叹：只有想不到，没有做不到。

其中最著名的，可能就是无处不在的“跪式服务”了：在居酒屋、和式餐厅、温泉旅馆或医院里，服务人员双膝跪地为客人服务。当客人在酒店、银行的沙发上等候的时候，服务人员有时也会双膝跪下，亲切地为坐在沙发上的客人解释服务的内容。这样做就可以避免客人“仰视”服务生，而服务生“居高临下”看客人的情况。在日本的养老院里，护理人员扶着轮椅把手，跪着与坐在轮椅上的老人交谈的场面比比皆是。

2013 年 9 月，2020 年奥运会举办城市投票在阿根廷举行，日本播音员泷川雅美代表日本做了最后陈述。在演讲中，泷川雅美提到了一个之后在社交媒体快速传播的词：OMOTENASHI。

OMOTENASHI 可以说是日式服务的精神核心，直译就是“没有表面”，意译就是从心底为对方着想，不是在表面上、在所有人都看得到的地方表现自己的服务有多好，而是在对方看不到的地方，让对方在不知不觉中心安理得地享受用心的服务，或者说是“以无私的方式接待顾客”。

OMOTENASHI

在一部叫作《极致的服务》的影片里，一家企业的经理为了取得顾客的信任，彻底了解了顾客的企业及顾客的背景、心态、目的、习惯，并提供了远超出顾客预期的招待，从而顺利取得订单。为了满足顾客的需求，这位经理把两位非洲的顾客带到冰山雪地，把樱花树搬到白雪中，让这两个非洲人见到了一辈子都没见过的两大美景。一位员工认为这样的招待实在“过度”，但这位经理回应：OMOTENASHI 没有极限，因为我们是不说“不”的日本人。

除普通服务外，OMOTENASHI 最起码应该达到以下三个标准。

1. 出乎顾客意料之外

提供给顾客可以明显察觉的服务，并不是最好的服务。OMOTENASHI 不仅要求提供明显的、顾客也知晓的服务，还要达到在顾客还没说出口甚至没想明白之前，就能满足其需求，这样才能超出顾客的预期。也就是说，不只是给顾客提供他们预想之中的服务，而且要充分为顾客考虑，给他们提供有品质的服务。

比如，在忙碌混乱的宴会厅中，通过仔细观察顾客的性别、年龄、穿着，吃饭喝饮品的速度、方式、喜好，以及与他人交流的过程，在客人还未招手乃至眼神示意之前就提前就位并提供服务。

2. 不过分看中回报

在很多国家，不管是餐厅还是酒店，给客人提供服务时，需要客人支付小费。这个小费就是服务员的服务费。但是在日本，从高级餐厅、酒店到便利店，服务员都是无偿给客人提供优质服务。不求报酬，体贴细致地给对方提供服务，这也是日本人用心的地方。

举例来说，如果你在日本丢失了东西，绝大多数情况下你都找得回来，即使是现金。实际上，2016 年，东京民众捡到钱包后交给东京警局的现金总金额超过

3000 万美元。

我有位朋友在日本旅游的时候曾不小心把旅行包落在地铁里，里面放着钱包、身份证、银行卡、相机等贵重物品。当她发现包丢了的时候，怀着试试看的心态与车站联系，发现包已经被车站工作人员找到了。由于她日语水平有限，便求助所住酒店的老板帮忙联系，而老板也义务地帮她前后忙活了两个小时。在整个寻包过程中，所有人都在尽可能地为这位陌生的外国旅人提供帮助。

3. 细致的思考与训练

在外国人眼中，可以代表日本 OMOTENASHI 的经营场所，排名前三位的分别是商场、旅馆、车站。不管是在商场乘坐电梯这样的小事，去旅馆住宿时的迎送，还是电车的准点到站，都无不蕴含着他们的用心和努力。

要给客人提供优质的服务，说起来容易，但是要做到可没那么轻松。日本人认为，如果意识到自己的服务水准与 OMOTENASHI 有差距，那就要花心思学习、练习，一直训练到自己满意为止，从而对得起与客人的“一期一会”（一生一次的相处机会）。

• • • • • • •

日本的跪式服务文化有一个前提，就是服务双方首先在人格上是平等的，这与中国人理解的普遍意义上的“跪”有着本质的不同。日本的“跪坐”其实从姿态上看是非常端正的，也就是“正坐”，是一种从小就要接受的礼仪教育，其中丝毫没有“低人一等”的含义。服务人员不会觉得受到侮辱，客人不会觉得高人一等。

OMOTENASHI 最初来源于日本的茶道文化，主人在客人面前沏茶，一切公开又坦然，与我们通常意义上认为的服务（service）有着本质的区别。

英文“service”的词根是拉丁文“servitus”，指的是奴隶、奴役，所以欧美话语体系中的“服务”里面隐含着一种微妙的等级关系，将最高标准的服务理念称为“顾客是上帝”。

而 OMOTENASHI 文化是基于提供服务的“主人”与接受服务的“客人”在彼此认同的前提下的一种平等关系。不仅服务人员要尊重顾客，顾客也需要尊重服务人员。

因此，日本虽然存在无处不在的“跪式服务”，但同时也对顾客提出了更高的要求，因为服务者（主人）提供的服务也必须得到顾客相应的尊重。所以日本人不会称呼服务人员为“服务员”，而是直接以打招呼的方式寻求服务和帮助，或者使用类似“餐铃”这样的工具召唤服务人员。客人直呼“服务员”，是一件非常不礼貌的事情。

因此，“跪式服务”更多的是一种基于尊重、体贴而实行的工作方式，并不存在一些国人理解的“顾客至高无上”的含义。日本以体力劳动为主的服务业员工虽然工作非常辛苦，但能够得到足够的尊重和保障。

2016 年，中国快递公司“顺丰”出现了一例快递员被打事件，后来顺丰上市敲钟的时候，其创始人王卫还将这位员工请到台上与他一起敲钟。这件事被报道以后，网上马上展开了一系列关于服务业员工尊严的讨论，其中有一篇文章将中日的快递行业进行了对比。

日本大和运输（黑猫宅急便）东京都内业务的正式员工 20 岁刚进公司时平均月薪 20 万日元，加上各种补贴和奖金，平均年收入为 360 万日元（约 21 万元人民币），在日本算得上不错的收入水平。且日本各大快递公司的仓库都引入了先进的物流仓储设备，比如大和运输专门向丰田定制的轻型厢式送货车 Quick Delivery 的车厢很高，派件员可在车内搬动货物且不用弯腰，很多工作可以在车厢内完成，规避了国内快递常出现的暴力派件的乱象。

曾经有记者问大和运输社长小仓昌男：“贵公司能够发展壮大的秘诀是什么？”他回答说：“秘诀就是从顾客的角度出发，竭尽全力地探求服务的真谛。只要能够为顾客提供超出期望的服务和可以接受的价格，我们就能发展壮大。”

服务精神呼唤对“人”的关注

要真正检验一个国家文明的程度，不是靠政府的统计数字，也不论城市的大小，更与粮食收成无关，要看的是这个国家培养出怎样的人民。

——爱默生

2015 年，著名财经作家吴晓波先生一篇题为《去日本买只马桶盖》的文章引爆了社交网络。约 2000 元人民币的智能马桶盖并不便宜，但成为赴日旅游的中国人优先采购的产品之一。

据日本有关机构统计，2015 年马桶盖在中国人的采购排行中名列第 3 位。但是，一年之后，马桶盖的“排名”便掉落至第 22 位。为什么不到一年的时间，马桶盖就失去了吸引力呢？

原来，很多“赶热门”的中国同胞发现，日本的智能马桶盖固然好，但在中国遭遇了“水土不服”。比如日本电压是 110 伏，而中国是 220 伏，为了解决这个问题就要再花几百元买一个变压器。而且日本马桶盖需要“三通”的水管，而国内的管道大都是“双通”的，必须进行改装。总之，一个马桶盖会牵扯出一个小的室内改造工程。

更重要的是，日本商家会为客人提供免费的安装和售后服务，甚至包括一段时间的免费维修服务，而将马桶盖买回中国，消费者享受不到这些服务。一旦马桶盖的配件出现问题，就要花费很大的代价自行修理。

这里面其实反映了一个重要问题，即一只马桶盖不仅是一只马桶盖，它的背后是一套关于“如厕”的服务体系。2000 元只能买到产品，但买不到其背后花费数十年建立起来的服务文化。

我更想提出的问题是，为什么是日本人创造了这种认真对待“如厕”的文化？要知道，马桶不是日本人发明的，智能马桶盖也不是日本人发明的。最早发明智能马桶盖的其实是美国人，将之用于医疗特护，后来著名的东陶（TOTO）公司将其引入日本，并进行了进一步的研发，把如厕文化发扬光大。

今天，日本 70% 的马桶都使用智能马桶盖。它有自动开合、座圈自动加热、私密清洁、自动烘干、健康检测等功能，甚至还能播放音乐来掩盖人们在如厕时发出的声音。即便是在没有智能马桶盖的地方，日本人也会在墙上单独安装一种叫作“音姬”的发声装置，用水声来掩盖如厕的声音。

关于“如厕”，还有一个让很多初到日本的中国人不习惯的地方，即厕所内没有纸篓。很多第一次到日本的人不了解情况，就顺手把用过的手纸扔到马桶后面，这种行为引起了许多日本人的不满。

其实，在日本如厕是可以将手纸直接扔进马桶的，一是因为日本的抽水马桶功率较大且下水道较宽，不会出现阻塞的情况；二是因为日本的大部分厕纸都是用再生纸浆制造并添加了特殊溶剂，遇水即会溶化，而且这种厕纸质地非常柔软，很适合女性使用，这也往往让别国的女性游客惊喜不已。

另外，日本的厕所对老弱病残孕人士的照顾非常到位，普遍设有专用的卫生间，以及防火地垫、婴儿座椅、老人扶手、婴儿护理平台等，有些还设置了紧急报警按钮，老年人上厕所时发生意外可及时报警。

所以说，智能马桶盖只是日本“如厕文化”的一个副产品而已，其背后的服务精神才是更强大的力量。

就连“迪士尼乐园”这个外来客，一旦落户日本，其服务水平也立即成为业内标杆。在全世界的迪士尼乐园中，东京迪士尼乐园的造访人数高居世界第一；同时，它还能在每年服务 1500 万名游客的情况下，以高水平的服务质量吸引游客再次造访，创下每年高达 98% 的回客率[①]。

东京迪士尼乐园对员工的培训甚至精细到了如何扫地不扬尘，

---

① 参考《迪士尼征服人心的领导学：没经验的新人，也能成为 100 分员工》，（日）福岛文二郎著，采实文化事业有限公司。

以及如何给客人拍出高质量的照片，而最让人佩服的一点是如何寻找走丢的孩子。每当发现走丢的孩子，工作人员就会蹲下来从口袋掏出糖果，询问小孩的名字，是从哪里来的，在哪里不见爸爸妈妈的，然后带小孩去最近的迪士尼内部托儿所。如果孩子比较小，还描述不清楚的话，工作人员会拿出一摞卡片，上面有爷爷、奶奶、爸爸、妈妈的图案，让小孩指是跟谁来的，如果是跟妈妈来的，工作人员会又拿出一摞卡片，让小孩指认妈妈是穿花纹的衣服还是纯色的衣服。一个一个指认下去，确定孩子父母的衣着打扮，然后工作人员就会去寻找孩子的父母。当父母心急火燎赶到托儿所的时候，孩子已经在开心地吃东西玩玩具了。东京迪士尼乐园靠这个方法每年寻回 20 万名丢失的孩童，从来没有任何一则寻人广播，因为东京迪士尼乐园认为焦急的寻人广播会降低游客沉浸在童话世界中的乐趣。

所以，日本服务水平高超的原因，并不在于日本人个人素质有多高，因为像迪士尼这样的“洋企业”都能很顺利地入乡随俗。关键在于，日本的整个服务行业对服务质量和细节一贯地重视，以及持续不断地将服务精神灌输给服务人员，并对他们进行有效的培训。久而久之，整个国家便形成了一种不成文的关于服务和礼仪的共识。

智能马桶盖固然值得我们学习，但我们更应该学习或弄清的是，为什么他们能“发明”智能马桶盖，而我们不能？智能马桶盖是一个象征，象征着日本对“人”的理解和尊重。如果我们的眼睛仅仅盯在一个个独立的产品上，如果我们的思维方式仍然停留在

“中体西用”上，那么我们或许永远不能创造出“智能马桶盖”，只能一边羡慕和赞叹，一边继续购买别人的产品和服务。

东京帝国饭店

东京帝国饭店以其优质的服务成为全球酒店业的楷模，很多如今被一流酒店视为“常例”的服务业务，其实都来源于帝国饭店的创新。比如，从1911年起，为了让顾客住得安心方便，帝国饭店开始提供洗衣服务；1923年，由于关东大地震，周遭神社几乎全倒，民众无法举办婚礼，帝国饭店便开放空间，给民众提供办婚礼的场地，成为饭店举办婚礼的滥觞；1958年，西方社会开始盛行自助餐，帝国饭店更是开了日本首家饭店自助餐厅“Viking”，这个词后来成为日语中“自助餐”的代名词。

帝国饭店不断创新服务品质，其核心便是时刻关注“人”的需求，因此才能不断引领日本酒店业的最新潮流。比如，前台服务员在接待顾客入住时，就开始观察顾客，根据不同顾客的需求提供服务。如果是带孩子的顾客，服务员就将放有玩具、漫画的房间给顾客住；如果是商务人士，酒店会免费提供《日本经济新闻》《股市行情》等报刊给顾客；如果在入住期间正赶上顾客的生日，酒店还会贴心地给顾客送上蛋糕和香槟；如果是初次来日本的外国游客，服务人员会将《日本温泉指南》等旅游手册放在房间里，并且保证放的是顾客的母语版本……这都是服务人员提前为顾客做好的，不会等到顾客开口才去做。

帝国饭店企划部将自己的服务理念和技巧整理成册，编纂成《帝国饭店服务秘诀》一书，介绍了帝国饭店100多年来总结出的97个服务经验，如今已经成为酒店业人士的必读读本。

你真的会做“团建”吗

如今，越来越多的企业已经认识到企业文化建设的重要性，而员工则是企业文化建设的核心对象。

可以说，“黑心老板”的生存空间越来越小，老板与员工的关系也日渐扁平化，“合作”的属性在劳企关系中的比例也越来越高。

有一些老板意识到了这种变化，已经开始真正将文化建设放到企业的发展战略中来。其中，团建（团队建设）也是企业文化的重要部分。

“这个月末咱们‘团建’吧”，已经成为很多人经常收到的邀请。

那么，团建该怎么做呢?

很多企业好像没有很好的方案，无非就是撸个串儿、漂个流、唱个歌、旅个游。

这些活动仿佛已经毫无悬念地成为团建活动的备选方案。但是，大家有没有认真思考过，做这些事情，真的能增加员工对企业的归属感吗？真的能让员工更好地理解企业的价值观吗？

这些都让人怀疑。

如果没有价值观的渗透和理解，我们组织的活动是不能称为团建的。

撸串、漂流、唱歌、旅游，最多只能算是变相的员工福利而已。

团建，要能够提炼一个企业的价值观和文化要素，要能对员工的行为规范和企业发展起到促进作用。

很多老板发现管理出问题了，团队不稳定了，就想通过类似“撸串”这种形式的团建来解决问题，这无疑是缘木求鱼。冰冻三尺非一日之寒，吃一顿饭就能解决的问题，也不是什么严重的问题；反过来说，如果真的出现了严重的团队危机，也不是吃一顿饭就能解决的。

我们还是要回到根本上来，即一个企业是如何在平时“服务”自己的员工的。

首先，我们有没有将员工个人的发展与企业的发展绑定到一起，有没有向员工反复地传递自己的品牌故事和服务理念。其次，当考验到来的时候，我们自己能不能遵守自己定下的规范和准则。如果这些都做不到的话，员工自然就只会扮演一个“打工者”的角色。

因此，有些老板抱怨自己在外面跑订单、陪客户，累死累活像匹马，而员工每天坐在办公室里吹着空调，还不好好工作，简直是没天理。但是，我们是不是也多从自己身上找找原因，分析一下员工为什么不愿意与我们同舟共济？

团建应该是一项日常的工作，发生在管理人员与员工的每一次沟通中，发生在指导员工工作的每一个瞬间，而不应该成为一项单独进行的工作。只有这样，企业才能将企业文化、做事方法和价值观不断地传递给员工，员工的行为才能发生变化。说白了，撸串儿与自己的企业没有关系，只与串儿店有关系。

只有解决了每日每时每刻的矛盾与摩擦，才不会让整个团队的氛围“死气沉沉”。这是企业管理人员应该慎重思考的问题，也是企业团队建设的正确做法。

你的企业有自己独特的故事吗

沃尔玛的招聘方式

一个刚毕业不久的年轻人到沃尔玛求职面试，在电梯里遇到一位一看就是领导的白人女士。女士主动向年轻人微笑打招呼，询问他到这边来做什么。在得知他是来面试的之后，她亲切地给年轻人指了路。后来年轻人才知道，她是沃尔玛中国区的运营总监。

到了指定的面试办公室，有工作人员告诉年轻人稍坐一会儿，然后在十分钟的时间内为他上茶、递书、递杂志，每隔几分钟还会打电话告诉他再等一下，不要着急。

面试开始后，面试官虽然严肃，但没有一点盛气凌人的感觉，整个面试过程让年轻人感觉像是一个专访。即便有时候面试官提出了尖锐的问题，也会在年轻人回答完毕后解释说，请你不要介意我的这种表达方式和语气，这是为了工作需要。

面试结束后，年轻人就决定，假如能够被录取，自己一定会选择沃尔玛。若干年后年轻人成了沃尔玛中国区的高层管理人员，一有机会还是会跟新人们讲自己当年面试的故事，希望可以把这种尊重他人的文化持续传递下去。

……

美国著名管理咨询专家特伦斯·迪尔和艾伦·肯尼迪合著的《企业文化：企业生活中的礼仪与仪式》是关于企业文化的经典之作。在他们的理解中，企业文化既不是口号，也不是毫无作用的心灵鸡汤，而是实实在在的、有内容且对企业发展有实际影响的东西。

企业文化的内容和细节，包括价值观、行为准则、成长基因等，就藏在企业的一个个代表人物、经典故事和礼仪仪式之中。

他们的研究对我的启发是，动人的故事是传播企业价值观和管理理念的最佳载体。

书中讲过一个关于快消品巨头宝洁公司的例子。有一次，宝洁公司从顾客那里得知，象牙香皂可以浮在水面上。公司的管理者听到此事后觉得十分惊奇。经过调查，他们发现这是因为在制造香皂过程中出现了失误。但是顾客不断要求供应这种“漂浮香皂”，于是公司决定将错就错，将它正式投入市场——这是保洁公司“顾客至上”价值理念的落地和实践。为了维护这一价值观，宝洁可以容忍甚至发扬自己的设计失误，而不是为了维护面子想尽办法掩饰错误。从此，这个故事就成为宝洁公司的一个“代表作”不断被传播下去，让所有员工都明白企业的确是将客户的需求放到第一位的。

许多企业在传递自己的企业文化时，习惯开会、讲道理，往往弄得大家很疲惫困倦。既然这样，何不跟员工讲述一些真实发生过的事情呢?

我们前面举过台湾王品集团的例子，它的管理层就明白这个道理。作为一个以“服务制胜”为价值核心的企业，其总经理曾专门指派一名秘书到台湾各分店搜集感人的服务故事，并将积累的近百个小故事整理成册，作为培训新入职员工的最佳教材。

汽车业也曾经流传着一则感人故事：有一位顾客在休息室时，服务人员按惯例端上咖啡、糖。等顾客走后，服务人员发现桌上留下了不一样的糖果包装纸，才突然意识到原来该顾客是糖尿病患者。该顾客再次光临时，还没开口，就看见休息室的桌子上已经贴心地放上了两颗代糖。这家公司就是尼桑。

尼桑培训员工的方式，不是死板的教条式讲课，而是“说故事”。总经理每周分享给经销商三则让客人感动的服务案例。在晨会中，经销商也用讲故事的方式让大家感同身受。同时，除了好的服务案例，也将负面的“不贰过”案例分享给员工，让大家避免犯同样的错。能够被评选为“服务案例”的员工，每月都会得到表扬和绩效奖励。

通过这样的方式，这些以服务制胜的品牌，将自身的服务文化以生动的形态展现给每一个层级、每一个梯队的员工。即便是新员工，也能通过故事感受到一家企业的价值观和做事规矩。

我想，每个有传承野心的企业，与其套用别人的口号和话语，不如仔细挖掘一下自己的故事吧。

哪怕这个故事再小，也是自己的东西，是真实的，就像本书序言中所讲述的我自己的辛酸成长史。

真实的东西就会有力量。

如果我们对自己的故事都没有信心的话，如何去经营管理一家“基业长青”的企业呢？

企业文化建设是日拱一卒的精进

我认为，建设企业文化是管理人员最重要的工作。企业文化最核心的内容，是团队的共同价值观和行为规范。什么是共同价值观？就是团队的全体成员对于“什么是对的，什么是错的”有一致的认定标准，如果每个人都认为这个是对的、是重要的，他就会自动去执行，按照对的方式去做对的事，他的所作所为不会违反这个已经认定的标准。在共同价值观基础上建立的企业文化，可以使组织运作更加顺利。

那么，企业文化如何建设呢？我听到最多的办法是：明天我们开个会商量一下吧，看咱们的企业文化该怎么建设。

对企业文化建设最大的误解，就是认为企业文化是一批人开个会就能商量出来的。这种方式的潜台词是，建设企业文化像做一个项目一样，是可以单独剥离出来，在某个特定的时间段执行的。

管理人员和领导者如果这么思考企业文化建设的问题，那企业文化是建设不好的。开会是工具，是沟通的渠道，不是目的。

我们在前面讲过，建设企业文化，就要形成自己的企业故事、仪式，通过故事、仪式来传递共同价值观。作为领导者、管理者，不能只是简单地发布命令、规矩，最好以故事或案例的方式让所有团队成员明白，我们为什么要这么做。

比如说，现在我要向大家解释，为什么企业文化建设不是点缀，而是需要日复一日地搭建共同价值观，形成企业仪式和故事，我可以引用德鲁克、彼得·圣吉（著有《第五项修炼》）等大师的理论，但我也可以通过一位朋友的创业故事，来解释如何通过日复一日地提炼、建设企业文化，带领企业走出困境。

这位朋友很年轻的时候就带着几个伙伴创业，创立了一家在线教育机构。创业初期，人员不多，他也没考虑过企业文化建设问题，完全是依靠他的个人魅力带领大家冲锋。但当团队到了二十几个人的规模时，问题开始出现，他发现自己已经无法依靠个人魅力让全员行动一致了。

起初，他以为是因为组织扩大，新成员的素质参差不齐，所以在工作的承诺与动力上不如自己预期。但后来才明白，这是创业者在公司管理上最大的危机，正如古谚所言，“马上得天下，不能马上治天下”，公司能否持续经营的关键，不在于开创多少业绩，而是企业治理能否从“个人魅力领导”进阶到“制度管理与企业文化”，以维系每个人对公司的向心力。

2003 年，中国遭遇“非典”冲击，经济下行，他的企业业绩也大幅滑坡。在业绩下滑与生命安危受到威胁的双重夹击下，员工人心惶惶。在这种最坏的情况下该怎么办？他后来总结道，这是他做过的最正确的决定之一，就是没有饮鸩止渴冲业绩，而是静下心来打造公司的企业文化。

他首先做的，是塑造企业共同的愿景，也就是确立整个组织的“文化底蕴”，让每个人清楚自己的使命。很多“老板”喜欢说，员工做事常常得过且过，但其实想把工作做好的人远比我们想象的多。即使员工来自四面八方，工作的理由不同，但是想要做出成绩的愿望是一致的，因为所有人都渴望“人生幸福”。

但是，有动机却未必表示有明确的人生目标，因此每当他们陷入茫然时，很容易就丧失动力。这时，领导者如果能适时地带领大家走向对的方向，或许就能燃起每个人的希望。而要做好这点，首先就要为大家建立一个共同的愿景。作为一家在线教育企业，他与团队全员明确了“传播知识，造福人群”的宗旨，并将此信念传达给每一位员工，激发每个人在“做完工作”之外产生“更要做好”的决心。

确立了公司的愿景之后，他接着开始把一些事情变成“仪式”，在做法上也逐年调整：最初是“老板说了算”，直接宣布明年的目标；之后演变为“高级主管参与”与“中层主管、基层主管参与”；一直到最后开始实践“全员参与”，也就是由全体员工共同制订年度计划与来年愿景，将所有员工划分为不同的工作团队，让大家一起讨论议题、做决策。

最后，他的企业制订年度计划的过程是这样的：先回顾今年的整体表现，指出今年没有做好的事情；接着找出还有哪些外部的机会、威胁和方向，并通过各种海报或传单进行整理与分享；最后再进行讨论，决定出几个方向。

在生死存亡的时刻，进行这项浩大的工程，好像非常不划算。但从实际效果看，通过深度的沟通与分享，全体员工对目标更明确，也更有参与感，对未来目标的落实起到了更好的帮助作用。因为若前期沟通工作没做好，事后一样得花时间来做，而且往往效率更低、落实程度更差。

在组织最低潮时着手打造新的企业文化，让公司在三年内产值增加了三倍。后来他总结道，做好文化塑造和全员参与，投资回报率绝对比想象的高很多。

一项工作或任务“能不能让大家同意”与“大家同意后会不会去做”完全是两回事，这之间的“动力”差别很大。“认知”是很奇妙的东西，当大家有了共识，力量是很大的。有时候，就算老板的想法再怎么高瞻远瞩，若没能形成共同认知，它还是零，再好的意见都不会产生力量。

所以，企业文化的建设，并非是企业运行良好时“抽时间”来做的点缀工作，而是一朝一夕、日复一日的精进。甚至越是在业绩低迷的时候，越是要努力去构建。

借这位朋友的故事，我们可以得到企业文化建设的一般路径：树立愿景与共同价值观→将价值观故事化、仪式化并传递给员工→

形成组织的认知共识与目标共识→形成企业独有的组织行为规范。

只有这样日复一日地持续这个过程，不断形成组织共识，优化行事方式，才能建立一种深入骨髓的、与价值判断和行为有关的企业文化，使企业文化不再是仅仅停留在口头或标语上的口号。

第七章

服务精神的本土案例

本章与大家分享一些服务业的优秀案例。之所以将这些企业作为案例，并非是因为它们有多完美，而是它们的确在某个行业或某个服务要点上做出了不一样的东西。从服务业出现至今，从业的企业堪以亿万计，能进步或超前一点点，就是很了不起的事情了，因此这些企业值得我们学习和尊敬。

聚龙小镇：一个因优质服务而扬名全国的社区

在福建泉州有一个惠安县。几十年前，这个县城有一个对全国人民来说都不陌生的名词——惠安女（今天的年轻人估计都不知道她们是什么人了）。几十年后，这个县城又出现了一个扬名全国的小镇（社区）——聚龙小镇。

这个小镇与一般的“楼盘”或“社区”不同，业主与“开发商”“物业”之间形成了一种难得的和谐关系。业主之间见面必然微笑问好，互称“家人”；社区内随处可见顺风车搭乘点，业主免费为邻居当司机；社区里的生活超市——“信用良品店”里根本没有售货员，也没有监控系统，消费者买完东西后自己付账、找零，但银货从没有少过；很多业主自愿向素不相识的邻居捐出整车生活用品；小镇里有一个湖，湖内的清淤工程居然是业主自动自发完成的；从 2007 年创镇之日起，这里没有发生过一起刑事案件，也没有业主装防盗窗，别墅与别墅之间也没有围墙，哪怕是栅栏也没有……最有意思的是邻里宴，每逢重大节日，业主都会自发组织数百桌邻里宴，你家做几个菜，他家做几个菜，凑到一起来吃。

与一般的房地产项目相比，这是不可思议的。一般来说，业主和物业公司总是死对头。物业公司就是收费和不负责任的典型代表，它们有各种方法把你的不满和愤怒化于无形，对业主的诉求敷衍了事。物业公司最贴心的服务，就是在电梯里张贴警情通报，每隔三个月换一次，“最近周边小区发生多起入室盗窃案件，请大家关好门窗，提高警惕”之类。它们最严厉的管理，就是警告和恐吓从高空向下抛垃圾的住户。

物业公司要赚钱，业主是消费者，是弱势群体，维权的业主委员会就必不可少。但在聚龙小镇，没有业主委员会，因为物业公司的服务是超出业主想象的，其服务质量之高是其他地方不可比的。有业主说：“尽如人意是件多么难的事，街上送人东西，不要钱，有些人还抱三怨四、嫌多嫌少呢。但在这里，服务上、设施上有什么问题，有什么要求，只要是合情合理的，或者只要是公司能够做到的，人家不惜金钱，都会想法帮你去做，不会搪塞你、糊弄你。这里跟其他地方有很多不一样，公司不一样，人也不一样！”

聚龙小镇的休闲配套设施有将近10万平方米，有书院、美术馆、艺馨园、音乐广场、小镇书屋、社区文化活动中心等，都免费供业主享用。业主也自发成立登山、钓鱼、太极拳、自行车、乒乓球、摄影、书画、歌舞等各种运动休闲、文化艺术协会。小区中仅仅园艺方面的绿化和环境建设，就花了好几亿元。

这里的物业服务是一种 24 小时无间断的服务模式。物业公司的总经理亲自跑遍了所有业主的家，手机 24 小时开机，每位业主都有他的手机号码。只要有业主打电话，无论在什么时间，无论大事小事，他都会第一时间赶到。有位年轻业主称，他是“老年业主的儿子，是小朋友的干爹，是大家的好兄弟”。业主们给他起了个昵称叫“小镇 110”。

新业主入住，“小镇 110”都要亲自登门拜访，表示无论有什么需要都可以联系他。许多新业主一开始都不太适应。有位新业主觉得他是客套，直到有一天深夜突发阑尾炎，家人恰巧都不会开车，紧急关头才试着给“110”打电话求援，结果“110”15 分钟内赶到，将业主送到了医院急救。

类似的案例还有很多。这种“110”精神也传递到了整个物业团队，所有物业服务人员都跟业主们建立了超出服务者与被服务者的关系。他们担心老人独自生活会感到孤独，也怕老人没人照顾，就会时常买菜送上门，有时还要忙里偷闲陪他们一起吃饭、散步、聊天。

为了做到这种极致服务，聚龙小镇的“开发商”和“物业公司”付出了巨大的代价。之所以要给“开发商”和“物业公司”打引号，是因为这家企业并不是一个传统的地产商。它们所有的高层管理人员全部都生活在小镇上，包括董事长、总经理，这些人也就同时具备了“服务者”和“被服务者”两种身份，这在全国所有的地产项目中都是独一无二的。也正是由于“顶层设计者”能够以身作则，聚龙小镇才能以“言传身教”的方式不断感化新加入的小镇居民，最终形成这样一种不同于一般社区的秩序。

从营业之日起，聚龙小镇的物业公司就没有赢利过，一直是贴钱在做，用配套的商用房收益贴补物业，这样才能保证物业经费的来源。从业主那收的物业费，根本不够成本。业主也都明白，这样的物业管理绝对不会从他们身上挣钱，所以也就没有成立业主委员会的必要。

聚龙公司的董事长，聚龙小镇的业主们称呼他为“老板”，既是惠安人，也是小镇的居民，还是一线的管理人员，经常义务给业主掌勺做饭，带着员工在路上捡烟头，亲自盯服务。有业主丢了钥匙进不了门，公司里管“文化”的经理在微信群里随口说了一句：“找物管要开锁师傅的电话。”“老板”看到了，立即在群里纠正她：“你也是物管。”

如今，聚龙小镇已经成为中国“特色小镇”的典型。不同于一夜之间做起来的这个小镇、那个小镇，聚龙小镇“创镇”是在十年前，那时候“特色小镇”的旋风还没有刮起来。他们用了十年的时间，一个细节一个细节地打磨出了一个“没有陌生人”的社区。

聚龙小镇的管理团队、物业团队的服务精神，也反过来影响了业主。很多“业主”的身份在聚龙小镇变得模糊起来。比如有一个叫“薇姐”的业主，是小镇里的“明星”，没有人不认识她。

薇姐是温州人，一开始是朋友介绍到聚龙小镇玩儿，并没有想在这里安家。她说自己第一次到聚龙小镇时就感到十分惊讶，觉得这里是想象不出来的好。住下来以后，更觉得好。她过去的老朋友、老姐妹同情她在异地生活孤独，跑来小镇看她。一到这里就知道担心是多余的，反倒羡慕起薇姐来。后来她们同样迷上了聚龙小镇，要在小镇买房，和薇姐生活在一起。

这么一来，薇姐的腰杆子硬了，她四处发帖子，电话、QQ、短信、微信，给温州和全国各地的朋友，让更多的人知道聚龙小镇。听到她宣传的朋友蜂拥而至，都要到聚龙小镇看看。

但这样也给她带来了麻烦，最多的时候，她家里来了 26 个人，一天要到车站接人三四次。来的人睡在沙发、地板上，家里到处都是“客房”。家里最多的东西就是毛毯、被子，数都数不过来。她为来客做饭做到腰疼腿酸手软。有些人来了还不想走，要多逗留几天。邻里们知道后，帮薇姐接待客人，腾出房子给薇姐用，还有人帮着薇姐做饭。

聚龙公司总经理郭振辉知道薇姐的情况后，问薇姐是不是需要公司的帮助。薇姐说她想借公司一两间房子用一用，她也是应付不过来了。郭振辉立即就答应了，十几天之后就带薇姐去看公司新装修的几间房。那是原本打算给小镇派出所用的办公房，配有大客厅、厨房、餐厅、标准客房。薇姐傻眼了，这要付多少租金啊？郭总说，先不谈这些，先解决目前的困难。

为了方便薇姐接送客人，聚龙公司还为她配了一辆电动客车。薇姐俨然成为公司的工作人员。她只想回报公司，为小镇多做些事情。都说温州人会炒房，但通过薇姐在聚龙小镇买房的人都是用来自己住的，这也与聚龙小镇“择邻而居”的理念一脉相承。有炒房的温州人找到薇姐帮忙，要买一幢楼，薇姐告诉他：“小镇的人择邻而居，不是什么人都能够住进来的。”他不信，后来找到“老板”郭无争和总经理郭振辉，果然碰了一鼻子灰。

之后薇姐的这个“招待所”有了个名字，就叫“薇姐之家”，也有了几个固定的成员帮忙。薇姐带着自己的小团队，每天风风火火、忙忙碌碌。

薇姐与聚龙小镇的这种关系的发展路径很有代表性。很多人都是从游玩开始，然后变成“小镇居民”，甚至还有人干脆就到聚龙公司里上班，或者在社区里盘了商铺，继续做原来的生意。比如有个叫“虎三哥”的业主，就开了一家养生馆，经常送体验券给他的邻居。有一次谈到自己的生意，他说了一句话：“我们做的是服务行业，如果自己做的服务都不能让家里人享受，是说不过去的。”

这句话，可以说很朴实地总结出了整个聚龙小镇的做人、做事理念。但这样一种文化的建设，在建镇初期是非常吃力的。因为一开始不是所有业主都是“高素质”的。来了“刺儿头”怎么办？为此，聚龙公司的服务团队付出了巨大的努力。在缺乏强制性的权力支撑的情况下，他们只能通过一言一行来感化那些不够自律的新业主。

有这样一个案例。聚龙小镇的超市为方便业主，可以免费送货上门。这是一项便民服务，却被一个新住进来的女业主滥用，当成她花钱买房子附带的福利。她一天打好几个电话订货，一包盐和一瓶酱油在一天里分开来要，等的时间长一点儿还发牢骚投诉超市。几位老年业主看不下去，她们认为公共资源是有限的，一个人不合理占用，就影响他人使用。“你年纪轻轻的，又不缺胳膊少腿的，总是指使人伺候你干什么？”她们想去教育这个女业主一下，“老板”拦住了她们。

又有一天，女业主让超市送了洗衣液之后再送一袋大米，“老板”亲自将米扛了过去。敲开门，“老板”对这位女业主说：“超市忙，我帮着送来了。”其他什么话也没有说，但这位女业主从此以后再也没有指使过超市的服务员给她家送东西。

小镇服务者有意识的引导和社区居民自发的努力，使整个小镇温暖有序。在各类公共活动和交往中，小镇所有人，不论是公司高管、普通员工还是新老业主，都被同样的公共标准衡量着——道德标准高的、自律的居民，被所有人认可，成为维持社区秩序中的楷模。这样一种巨大的文化惯性，鼓励并约束着所有社群成员积极向善，形成了一种德行上的良性循环。

在大批商人以“情怀”的名义创业或营利的今天，“情怀”这个词在互联网空间的传播里已经被污化了。人们开始思考，假如“情怀”只是一种空谈或说辞，它的意义在哪里——甚至，它还有意义吗？聚龙小镇的实践，可以说用服务精神为“情怀”正了名。

克丽司汀：无星酒店靠“逆天”服务“秒杀”五星对手

每年4月牡丹花会期间，洛阳这座“十三朝古都”总是游客云集，对当地餐饮、酒店行业的带动非常明显，酒店更是一房难求。在洛阳所有酒店当中，有一家的房间价格是最高的，但也是最难订的，你可能会以为它是类似于洲际、万豪、喜达屋、凯悦这样的国际品牌、五星级酒店，但事实上，这家叫“克丽司汀”的酒店，既不是国际品牌，也不是百年老店，更不是五星级酒店。它2009年才成立，而且由一群从未涉足过酒店业的“新手”创立。甚至，由于硬件条件所限（大堂面积、停车位数量等），它根本不具备“评星”的条件，直到今天依然处于“无星”状态，但它却在不到10年的时间内，就发展成洛阳甚至河南省酒店业的标杆。

在基础条件不占任何优势的情况下，克丽司汀酒店是如何突围的呢？下面是从携程、大众点评等平台和渠道获得的用户评价（未经任何修饰），或许可以从一个侧面解释它的成功之处。

可以说，这家酒店真的是酒店中的海底捞！虽然说，在硬件方面有些还不是最好的，但是服务，真是大大超出了我们的预期！让人有一种宾至如归的感觉！免费接送机就不说了，还有24小时免费的水果、茶水和牛奶供应！每天都有送小礼物，看到我们带了牙膏牙刷就送了牙刷盒，看到我们有首饰还送了首饰盒！出门的时候，电梯口总会有无限量的矿泉水供应。

而且早餐真的很丰富！居然有三文鱼，还有各种虾饺烧卖凤爪等港式点心！早餐厅还有一架自动弹奏的钢琴！真是第一次见到！早餐的时候居然有经理过来问我们对昨晚的房间有何意见，我们提出房间没有浴缸及淋浴间比较小，他们当天晚上就给我们换了一间比较大的房间，并且又送了东西！我们说房间灯光比较暗，他们又马上过来给我们换灯泡！我们说床垫不舒服，他们又帮我们换了床垫！酒店还给客人赠送免费的自拍杆！当我们说我们的手机没有耳机插孔所以无法使用他们的自拍杆时，他们居然又给我们买了一个新的有蓝牙连接的自拍杆！我们一直说不需要了，因为我们第二天就要走了，他们还无比热情地一定要送给我们！当时真的是特别感动呢！

酒店送机后，司机师傅还给我们每人发了一个苹果和酒店写的小卡片，说是平安果，祝我们一路平安！下次如果来洛阳一定还会住这家酒店！并且也会推荐给身边的朋友！谢谢酒店的工作人员。你们真是很贴心！辛苦了！！！

真是神一样存在的酒店。喜欢洲际、万豪、喜达屋、凯悦、雅高、希尔顿这类酒店管理集团的人带着千种好奇入住了传说中服务好得可以上天的克丽司汀。从免费高铁接站开始，接着是热毛巾和矿泉水伺候，座驾干净又整洁，司机话少还勤快，洁癖表示相当满意。后来还知道，去的景点如果不远，车辆安排有空档，酒店也是免费接送的。

紧邻马路的酒店大楼虽然不起眼，却完全摒弃了所有浮夸的元素。酒店大堂低调简约不奢华，办理入住的工夫，几个温柔的女孩端茶倒水、嘘寒问暖就摸清了客人的喜好。进房间不久，自选的水果和需要的各种果汁饮料、冷热汤羹就送到房间，瞬间感觉就想在酒店窝着哪都不去了。房间有不同主题，中式、简约或欧式……客人可按喜好选择。房间不大但是够用，枕头根据软硬也可以选择调换。亲子房，双层木床配两只大大的抱抱熊，卫生间配儿童马桶圈和儿童用品，还有额外的洗漱用品大礼包赠送。迷你吧的食品绝对是超市价格，吃吃喝喝完全没顾虑，免费矿泉水不限量。服务人员礼貌用语不离口，不仅主动打招呼问候还深鞠躬迎送，着实有点受宠若惊……好吧，真心觉得这是住过的海内外最神奇的酒店了。

这是我住过服务最好的酒店，人性化、温馨舒适。克丽司汀套房适合亲子出游，到店马上有小礼物及茶点水果送入房间，还一直问我们要不要做桌椅包边处理，怕小孩子撞到。当天晚上小朋友不消化吐了，马上送来白粥小菜。接送站的时候又送了好兆头的平安果。有老人在，提供了药盒、泡脚桶，还送了小朋友玩具，送我们数据防缠绕线、化妆包、旅行套装，一应俱全，真是好评不过来。

回程那天，酒店特意约好专车送站，结果约定时间快到时，专车在外送客不能及时赶回，酒店前台直接帮我叫出租车并承担了车费，还赶上个坐地还价的司机，让酒店破费了，可人家仍尽职尽责帮我租好车付好费，还记下出租车车牌号，说要对乘客负责。

值得推荐的酒店，到洛阳一定要住！酒店把服务做到极致了！只要你需要都会尽量满足，各种小礼物拿到手软！各种水果茶饮吃到你肚子胀！服务员还会经常问你有啥需要的。住过很多家五星级酒店了，虽然克丽司汀无星级，但它的服务让人无法挑刺！棒！

追加评论：

忍不住再追评一次，临走因为自己的疏忽把一张发票忘在酒店了，酒店立即帮我找了出来并寄给我！还再三道歉并将一晚的房费打折后退给我差价，这样的酒店服务实在令人感动！下次再来洛阳或者有朋友来一定会再次入住的！酒店的服务堪称完美了！

如果满分是5分，那我想给10分！之前选酒店的时候就看到评论超级好，我现在负责任地告诉大家，那都是真的！这是我住过服务最好的酒店，没有之一。虽然不在海边，不在半山，但是服务能秒杀所有我住过的酒店，如果来洛阳一定来这住！感受一次什么叫服务！可惜不是连锁酒店，没查到其他城市哪有！真的是超级赞！

（1）有接送机服务，只是车型有待提高。

（2）办理入住，上茶水，送身份证保护套，送水果到套房（还可以在卡片上自选），还可自选离店礼物。

（3）专人送入房间，介绍房间功能，还告诉客人什么是可以拿走的。

（4）床上用品可以调整，好几种枕头可选，也有软硬床垫供选择。

（5）早餐：有日料的早餐酒店不多，他家有而且新鲜，其他种类也很多，能排进我去过的酒店前五吧，已经非常不错了。

（6）离店还送了其他礼物，真是惊喜连连。

（7）全程 90° 鞠躬服务，真的都不好意思了，就算哪不满意都不好意思说。

（8）酒店位置好，基本在市中心了，出行方便。

总之，服务好得没边了，来洛阳必须住！

这些让客人惊喜连连的服务细节是如何构建的呢？连客人都表

示，克丽司汀酒店的服务可比“海底捞”，整个团队都具备“主动服务”的意识和技能。就像我们之前讲过的，很多企业都到海底捞去“挖人”，但完全做不出海底捞的效果，因为一两个员工甚至高管都不能构成一个体系，那么克丽司汀是如何做到的呢？是不是创始团队是一群经验丰富的酒店行业老兵，看到了某种行业趋势呢？

实际上，克里司汀酒店的创始人及高层管理团队之前都是从事广告行业的，没有一个人做过酒店，也没有相关的经验积累。唯一的“经验”，只是两位创始人在出差、旅行时从顾客视角获得的一些感受和体验——这反而给了他们打破行业惯性和思维定式的契机。他们感觉到，即便是很多五星级酒店，对“服务”的理解也是不够的。很多服务流程太过程式化，顾客可能提不出什么意见来，但对酒店也留不下什么印象，无非是在某个房间睡了一觉而已，第二天就把酒店名字给忘了。他们决定拓宽顾客对“酒店”和“服务”的理解，要让顾客感觉到酒店不仅是一个睡觉、休息的地方，而是有一种家的感觉、亲人的感觉——“必须给客人留下好印象和可以讲给别人听的故事，没有给顾客留下印象的服务就等于零”。

定位、目标都清晰了，但如何才能达到这个标准？克丽司汀的总经理张洁说，由于一开始整个团队都没有相关经验，也没办法从行业角度提出什么特别新颖的想法，所以只能从顾客的角度去考量。如何才能让客人印象更深刻？最直接的，就是给客人鞠躬、行礼，询问客人有什么不满意的地方。如何让客人有“回家”的感觉呢？那就要求员工真的站在亲人的角度去想象，如果眼前的这个客人是你的亲人、朋友，你会怎么对待他？亲戚来了，首先得亲自把他们领到房间里，不能把方向一指让亲戚自己找房间吧；到了房间，得先洗点水果端上来吧；如果还带着孩子，得给孩子备点儿玩具吧；孩子用大人的牙刷刷牙不方便，得备一个儿童牙刷吧；亲戚要走了，得送到车站吧，最好再带点儿土特产吧——就这样从细节入手，慢慢构建起了一套体系。“把顾客当亲人，而不是当上帝——因为上帝在哪里我们并不知道，我们不知道该如何服务；而亲人是具体的、看得见的。”

克丽司汀比海底捞还极致之处在于，只要不是“不合法”的需求，哪怕不合情、不合理，都要想办法满足。客人半夜两点突然想活动一下，但没带运动服——团队就要开会讨论如何在商店都关门的情况下弄一套运动服。员工解决不了的问题，找部门经理；部门经理解决不了的，找总经理；总经理解决不了的，找董事长。而且在紧急情况下，员工也具备“先斩后奏”的权力，先帮顾客解决问题和需求，然后再上报。

如果顾客有不满意的地方，或出现投诉怎么办？打折、免单，这是海底捞的做法。克丽司汀酒店做得更极致：处理投诉的标准不是顾客满意，而是要顾客“大喜过望”。比如说，有一次，酒店餐厅的酸奶制作机上一颗螺丝松动了，掉进了一位顾客的杯子里，顾客提出要换一杯。一般餐厅可能就免费换一杯酸奶，标准高一些的可能会把餐费免掉——但克丽司汀的做法是，由总经理亲自出面向客人鞠躬致歉，而且免除客人的餐费及三天的房费。当受到这种服务和待遇的时候，客人自然是“大喜过望”无疑，而且一定会变成一位忠实的顾客。也就是说，克丽司汀把每一个投诉都当成一个机会，当成改进服务并培养一个忠实顾客的机会——当然，这需要付出一定代价，最直接的就是经营业绩和利润。这部分成本谁来承担呢？克丽司汀的做法是，酒店承担四成，责任主体及管理层承担六成。总经理张洁说，自己有时候在家里睡着觉都能接到“罚单”。

毫无疑问，在克丽司汀酒店工作的员工，压力并不小。除了要随时发现顾客的需求并满足之外，还要有专业技能和水准，避免出现失误。这就要求在设计服务系统时，既要人性化、具有灵活性，又要顾及标准、流程和专业。酒店业是典型的服务性行业，很多从业者都是“蓝领”，尤其是像保洁这些岗位，很多时候是由文化水平不高的大姐或阿姨来担任的，亲切度、用心程度可能足够，但如果见了客人像家人那样拍着人家肩膀聊天，而不知道如何做专业的服务，再亲切也是没用的。为了平衡这两种团队要求，克丽司汀酒店在实践中摸索出了一套比较独特的团队组织和薪酬体系。

在克丽司汀，除了后厨等少数岗位外，大部分岗位都是没有底薪的，除了每月 100 块钱的全勤奖之外，工资都是“计件式”，依每个员工的工作体量与质量而定，这在酒店行业可以说是一个创举。这一点难在哪里呢？因为酒店服务并不像富士康那样可以完全流水线作业，工作成果很难量化统计——且不说量化，一般酒店能做出一套有效的关键绩效指标（KPI）考核体系就不错了。所以酒店业同一岗位上的员工薪资很难拉开差距，也就容易导致“打酱油”现象的出现。但克丽司汀做到了，真正实现了“多劳多得”，避免了同酬不同工的现象。同一岗位的员工，每月薪酬差距可以达到1000元以上。

举例来说，在克丽司汀有个叫客户关系主任（guest relationship officer，GRO）的岗位，类似于大堂副理的角色，主要负责接待、引导初次到店的客人。客人到店之前，到车站进行迎接，路上介绍当地风土人情；到店之后，要先为客人递上名片、茶水和毛巾，然后要带客人到不同楼层参观，因为克丽司汀每个楼层都有一个突出的文化主题：“云中漫步”的巴厘岛风情、“罗马假日”的欧式典雅、“唐韵”的现代中国风、“圆形之谜”的几何韵律……不同楼层会有不同的体验，需要让客人选择自己喜欢的风格，同时结合酒店的设计、文化和理念进行介绍。引导客人进入房间之后，也要对房间进行介绍，包括哪些物品是免费的，哪些是收费的，哪些是赠送的礼物。客人离店之时，要在大堂收集客人的意见，然后将客人送到车站。这样一套流程下来，KPI该如何量化呢？

首先，类似于递水、递毛巾、介绍楼层和房间、接站、送站这些工作，都是有计件工资的，比如接送站每次是6元钱，介绍楼层风格每次是5元钱，介绍房间每次是4元或3元钱。那么如何进行统计并监督呢？如何保证员工在接待时不会偷懒，并考核接待的质量呢？首先，类似于递水、递毛巾这些工作，数一下空杯子和剩余毛巾数量就可以了，比较容易量化；像帮客人提行李、送客人进房间这些工作，没有“证据”，怎么量化呢？办法是由前台人员进行统计，因为每位客人都要经过前台。在前台空闲的时候，客户关系主任需要找前台人员签字，确认自己多少次送客人上楼；至于楼层介绍、房间介绍这些完全是员工与客人单独相处时所做的工作，则要求客户关系主任佩戴录音笔将交流过程记录下来，事后由专门的“质检专员”进行抽查，并判定服务的水准如何。比如房间介绍，如果被质检专员判定为优秀，则每个房间 4 元钱；如果被判定为良好，每个房间就只能算 3 元钱。质检专员作为一个岗位，也有自己的“计件”标准，比如抽查录音的数量等。这样环环相扣，确保在主动服务的基础上，有了制度的规范性及对服务流程的把控。

规范、制度、流程、执行力——可不可以说，克丽司汀是酒店业的富士康呢？显然，这只是硬币的一面。如果完全是制度化、流程化的东西，只能培养出合格的螺丝钉，很难让员工露出发自内心的微笑。与高压、高标准相对应的是，克丽司汀更注重员工对企业文化的认同，在选择员工的时候也倾向于选择理解这种做法的员工。同时，注意员工心理环境的建设，避免服务人员产生“小二”的自我认知，而是努力让员工理解，服务是一项有尊严的工作，是“绅士对绅士，淑女对淑女”的服务。我向你鞠躬，不代表我人格低于你，而只是表示我尊重你。员工吃好、住好，这是个人尊严的基础。鼓励上下级之间的沟通，员工被投诉、岗位被调动、员工之间出现摩擦，都要由部门经理与员工进行一对一的沟通。员工受到顾客赞赏，经理要当众表扬；员工遭到顾客投诉，则要私下一对一地批评，避免损伤员工的自尊心。

在这样的环境下，克丽司汀酒店的员工离职率保持在20%~30%。这个数据与同行相比既不算低也不算高，但也给人才梯队的建设造成了一定的影响。还有一个难题是，由于克丽司汀培养的员工普遍素质、能力都比较高，就像海底捞一样，所以很容易成为同行“挖角”的对象。一个普通员工，可能被挖走后直接就能当上部门经理，薪水自然也水涨船高，甚至翻倍，这给管理层造成了很大的困扰。因为对一个酒店来说，管理岗是有限的，如果“上面”的人不退，基层员工就很难有晋升的空间。一个企业，不仅要解决员工的生存问题，更要解决他们的个人职业发展问题。有能力的人才，如果不能在企业内部充分发挥自己的能力，自然想要找更大的平台。为此，克丽司汀也开始像华为一样，试图以虚拟股权的形式，对关键岗位和具备核心能力的员工分享企业发展的红利，按月进行分红，分红甚至可能高过岗位工资，这在一定程度上缓解了人员流失的问题。

仅仅经过近10年的发展，克丽司汀酒店已经初步形成了一套自己的“服务方法论”，并基本具备了输出品牌、输出管理的基础——据说，这也是他们未来的发展方向之一。“提供令人感动的服务”——这一服务标准，也让克丽司汀的品牌美誉度得到了快速的提升。“服务是最好的营销方式，口碑是最好的传播渠道”，这是他们的服务口号之一。在口口相传之下，克丽司汀从创立之初的200元房价，一直涨到了今天的近千元，成为洛阳地区客房价格最高的酒店——虽然它一直都是“无星”的。

在酒店行业，直到今天，“星级”仍然是一个重要的评价指标。“五星级”“四星级”“三星级”在一定程度上仍代表着一个酒店的水准——但更多是硬件上的水准。这是由“星级”的评价体系决定的，比如一个五星级酒店，必须具备一定面积的大堂等。问题在于，在“消费升级”的大趋势下，这个评价体系、标准和参数却没有跟着“升级”，导致星级对顾客的参考作用越来越低。

在移动互联网如此发达的今天，随着信息的快速传播，除了年龄较大的顾客，大部分顾客已经越来越习惯通过互联网平台来判断一个酒店的质量、性价比。几乎没有人再凭借简单的星级划分来选择酒店，因为顾客的需求越来越个性化、标准越来越多元化。这种需求的变化也引起了酒店业的一场深刻变革——酒店设计者开始更多地在调性、细节和服务等“客户需求”上加大投入，而减少在大堂、装修材质等“星级需求”上的投入。

洛阳克丽司汀酒店在这方面可以说是走在了行业前列。在基础硬件不占优势的情况下，他们通过为顾客提供极致的服务体验，披荆斩棘，在酒店业这片红海中开拓出了一条光荣路。

横店集团：靠“服务战”创造每年 1500 万的游客量

横店影视城是全球规模最大的影视拍摄基地，也是中国唯一的“国家级影视产业实验区”，被美国《好莱坞报道》杂志称为“中国好莱坞”。

地处荒僻，没有任何地理资源优势，横店集团生生靠炸山造出了全球最大的影视基地。稍微有所了解的人都知道，横店集团是从 1996 年为拍摄《鸦片战争》而建造广州街外景基地起步，2000 年“八面山影视城”被国家旅游局授予“4A 级旅游景区”称号，横店集团从影视行业步入旅游行业。如今，横店集团每年的游客量已经达到 1500 万，这个数量在国内仅次于故宫和张家界。

从横店集团创始人徐文荣为电影《鸦片战争》做配套开始，“服务”的种子就已经被种下了。如果我们研究一下横店集团的发展路径，就会发现服务的思路一直主导着其发展方向。2000 年，创始人徐文荣拍板，影视剧组到横店拍电影全部“免场租”。

这一政策降低了剧组拍摄成本，使横店影视基地吸引大量剧组前来，在与国内其他影视城的竞争中取得优势。不少研究横店影视产业的学者都认为，横店的社会化服务做得好，极大地提高了影视产业的效率。拍戏作为一种商业行为，如果哪里能降低成本、提高效率，哪里就最具有吸引力。依托影视服务产业把“人”带来之后，横店的景点、宾馆、饭店等产业才逐渐做了起来。

之所以全国 70% 的剧组都到横店拍戏，看中的也是横店集团服务的专业性：省心、省力、省钱。比如某剧组明天 10 点钟就需要 100 件宫女服，横店当夜就可以满足这一需求，这在其他地方是做不到的。公众在参观横店的时候，可能注意力都在光鲜靓丽的明星身上，但其实背后这套产业链服务体系，才是横店集团真正的核心竞争力和价值所在。

“服务”基因在横店集团之后的发展中一直在发挥作用。为了服务好剧组，吸引更多剧组到横店拍戏，横店不仅“免场租”，还在其他方面免费甚至是贴钱做服务。

横店内部流传的一个典型案例就是张纪中导演的故事。2006 年以前，张纪中导演一直不肯到横店拍戏，横店派人请了几次都不成功。2006 年，张纪中筹拍《鹿鼎记》，横店集团影视旅游行业副总裁殷旭再次找到张纪中，邀请他把这个戏放到横店拍。交谈过程中张纪中提出：“你们那么大一个明清宫苑，里面空空的，一点家具都没有，能不能给我们造几套家具？”殷旭当即答应了，对张纪中说：“你把图纸给我，我现在就请人给你做。”为了做这套家具，横店集团贴了 20 多万元，但从那以后，只要是张纪中的剧组就一定到横店拍，而且他在多种场合帮横店做了很多宣传。

张艺谋导演拍摄《英雄》时，需要大臣们作揖低头，当时扮演大臣的都是横店周边的农民，张艺谋左看右看，感觉气场和气质不对，于是横店影视城的人连夜从浙江各地文化局找到了一群退休干部，第二天一早请这些退休干部穿上衣服作揖低头，这场戏张艺谋马上就让过了。横店影视城的人突然意识到，“原来群众演员也是影视作品的重要一环”。

2003 年 7 月，为解决剧组、演员、村庄三者之间时而发生的摩擦，同时也为了避免因流动人口剧增而出现的一些社会不稳定因素，从行业需求和社会责任出发，深思熟虑之后，殷旭发起成立了一个全国首创的力求保障“群头”利益、剧组利益、演员利益的协调机构，一个公开的群体组织“演员公会”。群众演员与公会签约，可以顺利拿到有统一标准的公道报酬；剧组把钱交给公会，公会再给演员发工资、证件和对工单。剧组得到软环境支持，得到公会组织的优秀演员，提高了效率；群众演员得以各自提升个人发展空间；公会则通过拿到特约演员提成作为利润，维持日常开支。

也是在此背景下，“横店影视城演员公会”成立了。作为国内规模最大的影视拍摄基地，随着大批中外影视剧组的到来，横店吸引了大量外地演员来拍戏或追逐自己的影视梦想，这些人被称为“横漂”。

演员公会成了“横漂”们的“家”。每天晚上 7 点以后，公会所在的两层小楼的楼道和房间里，挤满了“横漂”。公会的管理人员忙着宣布第二天剧组需要的角色，物色合适的演员并交代剧组的要求。“横漂”想要演戏，最简单的办法就是守在影视城的演员公会里，等着剧组挑人。而现在，演员们报戏、排戏已经完全实现了手机、电脑操作。

演员公会不仅在演员和剧组之间起到了纽带和桥梁的作用，还在职业培训、活动开展、困难帮扶等多方面做了大量工作，为维持横店的稳定做出了较大贡献，成了全国独一无二的规范化管理和服务群众演员、特约演员等基层演艺工作群体的社会公益性组织，使横店影视城成为国内影视拍摄基地管理最规范、最健康的范本。“横漂”队伍的壮大催生了演员公会，演员公会的规范化精准管理服务让更多“横漂”愿意留下来发展，这已形成多方受益的良性循环。

然而，由于种种原因，横店演员公会一直没有正式的“身份”。经过前期一系列筹备工作，2016 年，演员公会终于在东阳市民政局正式注册，这意味着一个服务于“横漂”群体的社会公益性组织正式诞生。目前，在演员公会注册的“横漂”群体有 4.8 万余人，长年驻扎在横店的有 6000~8000 人。

演员公会又是一个横店集团成功服务利益相关方的案例。殷旭在一次演讲中谈道，对一个企业尤其是服务性企业来说，服务质量的高低将从根本上决定这个企业的成败——“先谈服务，再谈产品”。

殷旭还将“提高服务水准”上升到“服务战”的高度。他表示，主题公园的竞争日益白热化，仅华东地区就有常州三园、芜湖方特乐园、上海欢乐谷等。作为一家影视主题公园，横店所面临的处境正是“前有标兵，后有追兵”。在这种情况下，如何抢占先机，最先发力并坚持到最后？在产品和游客量都已达到一定水平的基础上，如何实现国内甚至国际一流水平的目标？他表示，这取决于员工的服务水平和素养，这些不是靠资金投入就可以实现的，而是要在企业长期发展过程中以强大的企业文化来熏陶，并通过培训、督导等实际操作来培育，形成一支完整的、饱含企业精神的团队，只有这样，在同样的设施和景观条件下，才能创造更大的效益。而且这些工作一旦做到位，它所创造的效益将远远大于硬件投入，并成为企业的软实力，这才是企业发展最根本的动力。因此，横店集团已经将服务提升到“服务战”的高度来推行。

殷旭表示，为了打好“服务战”，横店集团先从建章立规开始，制定标准化规则。“要让员工达到什么样的水平，企业必须要先有一个标准。”然后是试行，在汇集全体员工聪明才智的基础上，在具体的工作中根据实际情况进行增补。当标准成型后，加强各级管理人员及一线员工对其的认识和理解。“只有在对这个标准认可的基础上，才会在工作中切实执行。”对标准的落实和督导也同样不容忽视。要在高度自觉的基础上加强管理，强制执行，经过若干年反复的修订和巩固，最终形成一个相对固定的标准。

经过20年的不断发展，横店影视城已成为全球规模最大的影视拍摄基地和全国最大的影视旅游主题公园群，并已形成一条完整的影视产业链。与此同时，横店影视城不断修改完善影视拍摄基地服务规范和标准，制定出一整套完整而又切实可行的标准化服务规范。

早在 2003 年，横店影视城就成立了标准化工作领导小组，积极探索旅游标准化工作的运作模式。2010 年，在成功晋升为国家 5A 级旅游景区后，横店影视城更是紧抓落实标准化的工作，由于成效显著，在 2012 年荣膺“全国旅游标准化示范单位”。在做好企业标准化修订的同时，公司结合“影视”与“旅游”相融互通的特色，深入开展调查研究，制定了《影视拍摄基地服务规范》这一特色标准体系。2016 年 8 月 26 日，国家标准化管理委员会正式下文，将该规范列为国家标准。《影视拍摄基地服务规范》涵盖了影视剧组的接待规范、摄影棚使用规范、特约（群众）演员管理规范等极具针对性的标准。针对在横店拍戏的剧组，从看景、制景、正式拍摄到最后的杀青、场景复原等，由协拍员、场景管理员等专业剧组服务人员提供点对点的服务。

2017 年 3 月 1 日，由横店影视城主导制定的《影视拍摄基地服务规范》正式在全国进行推广。

该标准的制定与推行，为我国影视拍摄基地监管提供了有效途径，对它们所提供的各项服务提出了通用性要求，为建立高质量影视拍摄基地服务模式，促进影视拍摄基地良性运转，实现可持续发展提供了有力保障；对横店影视城而言，标志着其在标准化建设方面迈上了新台阶，意味着其在影视拍摄基地服务的规范化、专业化、制度化建设方面走在了全国各影视基地的前头；同时，也为中外剧组在横店的顺利拍摄保驾护航。

在全国影视拍摄基地竞争愈发激烈的情况下，横店影视城拍摄片场呈现一派热火朝天的景象，其火爆场面就是备受剧组青睐的最好佐证——2016 年全年在此拍摄的影视剧组达 271 个，超过以往任何一年的剧组接待总量，而广告片的拍摄也同样刷新了年度纪录，达到 34 个。至此，横店影视城累计接待的影视拍摄剧组已达 1800 余个，遥遥领先于全国其他影视拍摄基地。

殷旭还认识到了员工的工作、生活质量对服务质量的直接影响：“对于企业来说，也要为员工创造好的福利待遇，提高他们的经济收入，让他们到其他服务场所也一样可以享受别人的优质服务。”

圣淘沙茶楼：它比海底捞早了 20 年

如果你在 20 世纪 90 年代末的成都生活过，那一定听说过“圣淘沙”这三个字。如今这个名字早已消失在公众视野中，但在当年，它是成都一个标志性的名字。

事情开始于 1996 年，国营单位成都铁路局开始多元化经营，准备从餐饮业开始试点，初步计划是做一个在成都非常流行的茶馆。但在当时的环境下，这个试点并不被单位内部的人看好。一个铁路局去开茶馆，无论从哪个方面看都不具备优势。在茶馆筹备期间，被选为总经理的人甚至退出了。用现在的流行语来说就是，场面一度十分尴尬。

这时，有一位叫李再宁的铁路局工作人员挺身而出，承担起了总经理的职责。当时成都的茶馆有很多，如何才能做出特色呢？管理层经过大量调研，决定开一家文化感强、品位高雅的茶餐厅，并起名为“圣淘沙茶楼”。“圣淘沙”是新加坡的一个岛屿名，环境优美，风光秀丽。从名字可以看出，他们希望“圣淘沙茶楼”同样给人以优美和愉悦的感觉。

为了达到这个效果，成都铁路局耗费巨资打造了一个在当时看来非常豪华的经营环境，南洋风情加上古香古色的中国装潢风格，从地板到沙发，从皇家绘画到铁艺桌椅，从宫廷风格的钟表到埃及的浮雕，从中世纪的烛台到透着南洋风情的植物，都经过精心的挑选。

在当时的环境下，“服务”还不被餐饮企业重视，成都大部分茶楼的服务质量都比较差，基本都是老式茶馆那种乱糟糟的氛围。圣淘沙看准了这一点，参考了国外的优秀服务案例，提出了独特的管家式服务理念，外聘了俄罗斯的高级管理人员，而且一线服务人员全部要求是大学毕业生，做到了一种比今天的海底捞更极致的服务标准。

北京知名餐饮品牌“三样菜”的经理戴某，当年正是圣淘沙的一线服务人员。他在2000年大学毕业后被分配到农村老家的初中当老师，每个月工资280元。他不想就那样在老家待一辈子，于是揣着几十块钱到了成都，从保安、酒店门童、服务员干起，后来听说有一个圣淘沙茶楼工资很高，就去应聘了。

“圣淘沙”那时候在成都已经小有名气，号称是成都唯一一个“六星级茶楼”。当时一般餐厅服务员的月工资在300~400元，而圣淘沙能给到700~800元。而且，圣淘沙由于服务质量很高，吸引了很多外国客人，他们普遍都有给小费的习惯。在那里，一个优秀的服务员每月拿到的小费甚至比工资还高，所以服务员普遍收入都在1400~1500元，是一般餐厅服务员的三四倍。

戴某回忆道，当时圣淘沙提出了一个服务口号，叫“只有客人想不到，没有我们做不到”。在今天看来，这是个有点俗的口号，但圣淘沙厉害的地方在于，它是真正按照这个标准去做的。在服务上，要求员工必须对顾客的心理进行研究，需要你出现的时候必须出现，客人一扭头你就要出现在他们面前；但不需要你出现的时候坚决不能出现——这个要求其实更高，需要服务人员仔细琢磨客人的状态。比如客人是一对情侣，正在你侬我侬的时候，你就坚决不能出现在客人的视线里。这时候服务人员的站位就要有讲究，你站的位置要能够看到客人，但客人看不到你，比如可以站在大的装饰植物旁边，把自己掩藏起来。

为了尽量减少对客人的干扰，服务人员每一次上台服务都要经过精心设计，尽量一次性把所有细节做完，包括上茶、倒水、撤空盘、换烟灰缸，不能一次只做一件事。为了达到这个标准，服务人员要随时观察并记录自己下次上台服务需要做的事情。时机的选择也很重要，比如什么时候加水都有独特的技巧。如果是透明的茶壶还好一些，可以直接看到剩余的水量。但如果是非透明的茶壶，该怎么办呢？那就需要观察客人倒茶时茶壶的倾斜角度，角度很大的时候说明壶里的水不多了，就要注意给客人加水了。

为了达到这样的标准，圣淘沙付出了很大的代价去培训员工。而且俄罗斯经理的管理风格比较粗暴，与今天海底捞式的人文关怀不同，圣淘沙那时的培训方式是军事化、高压式的。服务人员经常被经理骂哭，然后抹一把眼泪到前台服务还要按照标准来笑。为了达到店里对笑容的要求，戴某那时每天都对着镜子笑，练习肌肉的协调性和灵活度。他们内部也流传着一个说法，叫“客人的天堂，员工的地狱”。

当时能在圣淘沙坚持下去的服务员都练就了强大的抗压能力。举例来说，当时圣淘沙经营理念比较超前，在成都所有餐厅、茶楼中率先设立了吸烟区，非吸烟区不允许吸烟，当时全成都的茶馆没有一个敢这么做。很多本地的客人当然就不理解，就会对服务人员发脾气。服务人员很受委屈，但还是要坚决维护无烟区的环境，否则到后堂就会被经理骂。所以，针对说服顾客不要在无烟区吸烟这件事，服务人员都专门研究出了一套“话术”，每天练习、复习，在面对相同情况的时候可以形成条件反射，讲出一套既不让顾客心里不舒服，又能维护无烟区环境的话。

这种高压式的培训，确实达到了让客人惊喜的效果，但这个体系也有其脆弱之处，就是很难形成一支稳定的服务队伍。因为压力太大，很多服务人员干了几个月就受不了辞职了，能坚持一年以上的都算是非常能吃苦的、厉害的。可能也是因为体系稳定度不够的问题，以及服务业整体大环境的变迁，圣淘沙后来逐渐被淹没在浪潮之中，成为中国本土服务业历史上的昙花。但这“一现”，即便放到今天来看也依然让人惊艳。

海底捞：我们不是一家餐饮公司

我认为人力资源部是最重要的部门，不能够独立，领导一定是有实权的人物，哪怕是挂名。我就兼着海底捞公司人力资源部的部长，几大部门领导是副部长，分公司老总也是各地人力资源部的部长。

——海底捞创始人　张勇

最后，让我们以海底捞来收尾。

外行看热闹，内行看门道。当大部分人还在热议海底捞的极致服务，还在惊羡海底捞员工的福利、待遇时，业内人士已经开始从专业角度研究、学习海底捞的人力资源管理体系了。

海底捞创始人之一、张勇的弟弟张锐从技校钳工专业毕业后，被分配到四川省拖拉机总厂工作，他觉得不甘心，于是从 19 岁那年开始和哥哥张勇一起摆地摊，卖一毛钱一串的麻辣烫，白手起家。

后来张勇创办了海底捞火锅店，于2004年进入了北京市场，张锐也进京正式加入海底捞，后来又创业成立了自己的品牌。

张锐认为海底捞不是一家餐饮公司，而是一个“以火锅业态为载体的人力资源平台”。张勇也曾在媒体上表示：“我做火锅是偶然，但也算歪打正着……那时我连炒料都不会，只好买本书，左手拿书，右手炒料，就这样边炒边学。可想而知，这样做出来的火锅味道很一般，想要生存下去只能态度好点，客人点什么上菜速度快点，有什么不满意多赔笑脸。”

也就是说，人力资源才是海底捞的核心，火锅只是一个载体而已。那么，海底捞的人力体系有何独特之处呢？

首先是层级清晰，团队定位明确。海底捞的扁平化管理是将团队分为服务团队、稽核团队、运营团队、战略团队四个部分。行政部、财务部属于服务团队，它们需要考虑的就是如何为自己的客户（公司内部员工）做好工作，让员工满意。稽核团队类似质量管理部，它们需要做的是审核食品安全，并且把这些作为团队关注的最重要的指标，因为食品安全是绝对不能越过的红线。运营团队就是每个分店的总经理和总部的高层管理人员，这些人需要做的就是定战略方向。这样划分的好处是，部门和岗位的绩效考核相当清晰、明确。

接着是海底捞的考核。海底捞不是很多人想象的那样，全靠员工的主观能动性或者高额奖励维持员工动力。它非常重视考核和奖惩，但又有它的独特之处，这种考核制度突破了传统绩效考核的

“奖励－惩罚”模式，注重考核指标的上下关联与方向性。

一般销售行业的成长要靠营业额增长，所以管理者会为业务或运营部门设下这些指标：销售额增长率、利润增长率、回款率等。

但海底捞的思维方式不一样，它们会继续分解这些指标，一直到业务链条的最末端。比如一个店的营业额，基本取决于进店人数、人均消费、回头率、翻台率四个因素。然后它们继续将这几个要素分解：进店人数包括新顾客与回头客，要增加回头客，就要提高回头率，就要提升客户满意度；然后是翻台率，取决于客人用餐时长与员工清台时间，那么客人用餐时长不好控制，就要想办法提高员工清台效率。所以，海底捞的考核指标是一竿子插到底的，真正分解到了人头，并和个人的工作息息相关，让个人或团队知道自己应该提升的地方在哪里。

这样做还有一个重要的好处，就是激励与惩罚，以及员工的上岗或者下岗都有了很明确的依据。单纯的激励很容易变成高福利的一部分，最后丧失激励效果；而单纯的惩罚则很容易让团队士气低落，丧失精气神。所以，海底捞的人力资源建设，远不是高福利那么简单。

因此张锐说，开火锅店只是海底捞“发动战争”的一种方式。占领一个城市的火锅市场，是海底捞的团队在一个城市立足的基础，而不是目标——“我们的智慧不在那里”。

那海底捞的目标是什么呢？张锐说，是让整个团队靠自己的劳动、自己的双手过上有尊严的城市生活。大家直接看到的海底捞的

“极致服务”，只是这个人力资源体系搭建起来的结果而已。

“开店速度、服务质量，都是执行力的范畴，我们真正考虑的事儿不是这个。”张锐说：“对餐饮企业来说，一线团队的精气神儿是最重要的，你不能让他生活得快乐，他能发自内心地微笑着给你服务吗？所以，我们的管理层最重要的工作就是服务好我们的员工。”

“只有当员工对企业产生认同感和归属感，才会真正快乐地工作，用心去做事，然后再透过他们去传递海底捞的价值理念。大家可以和亲戚朋友一起工作，自然就很开心，这种快乐的情绪对身边的人都是很具感染力的。”张勇也曾这样说。

经常有人说海底捞服务好是培训做得好，先培训员工服务标准再上岗。但大家普遍不知道的是，海底捞的新员工培训内容包括了如何使用自动柜员机，以及如何乘坐地铁——买卡、充值等。这家企业在帮助自己的员工——大部分是农村孩子——真正融入城市生活。

张锐说，海底捞已经开始布局别的行业，利用海底捞的品牌美誉度和流量效应进行转化。“因为开火锅店不赚钱。为了做服务，我们已经把服务员的工资开到了全国第一，我们以火锅作为道具和载体，以优质服务作为聚集人气的手段，可以说我们运营的成本非常高。如果有一天我们这个人力资源体系和运营体系撑不住我们的目标，不能让我们的团队过上有尊严的生活，那海底捞就只能倒闭了。所以，我们未来的理想是不靠火锅赚钱。”

海底捞不再靠火锅赚钱？当“海底捞”三个字后面加上咨询、地产等字眼，它强大的人力资源体系还能继续发挥作用，为顾客提供极致的服务吗？或者，它可以不再凭借服务，而是在别的方向上继续创造奇迹吗？没有人知道答案。

无论结果如何，大家都希望海底捞能把它对“人”的关注持续下去，让更多的蓝领和农村孩子，能够通过自己的劳动和服务获得合理的收入、体面的生活，最终让自己乃至他们的下一代，真正融入城市生活，成为合格的城市公民。

附录

服务精神实践手册

5 个服务精神关键词

关键词	含义
可靠性（reliability）	每次都能可靠而准确地提供承诺的服务
可信度（assurance）	员工的知识及礼貌，以及赢取顾客信任与信心的能力
有形性（tangibility）	硬件设施、设备及服务人员的仪容
同理心（empathy）	公司对顾客的关心及关注
反应能力（responsiveness）	愿意为顾客提供及时和高效率的服务

可靠性

可靠性指恪守我们向顾客做出的承诺，这些承诺可以通过许多方式做出。

例如，与顾客订立的书面或口头协议或合约、销售说明书的一部分，甚至是多数顾客期待我们提供的某方面服务，都是我们的承诺。在销售产品及服务时，通常附带若干明确或隐性的承诺。

可信度

可信度指顾客与一家机构开展业务往来时的信心。许多消费者与企业打交道时，特别是第一次，往往心存疑虑。他们需要确定对方充分掌握自己的业务，并能在适当的时候提供应有质量的产品或服务。

例如，顾客第一次去餐厅用膳时，可能会担心食物质量、环境、气氛、价格，以及员工的服务态度。然而，熟识公司产品、热情友好、体贴周到的员工，加上方便用餐的系统，将让顾客更加安心。当然，这也意味着提供服务的员工必须熟悉公司的产品。

有形性

有形项目是顾客可以通过触摸、观看等感觉到的物品，它们可以通过不同的形式给人留下印象。公司能通过装饰、家具、摆设、设施、设备及员工，给顾客留下美好的印象。

例如，在一间非常传统的酒店大堂摆放很现代的钢制家具会显得格格不入，在一间现代主题的餐厅摆放古董同样显得不伦不类。此外，酒店应确保卫生良好、维修妥善及客房打扫得宜，向顾客展现安全、清洁、整齐及周到的形象。有形项目往往会给顾客留下至关重要的第一印象。研究显示，第一印象及最后的印象对于顾客对一家公司的看法影响至为深远。

同理心

同理心是指在顾客遇到问题，或对产品或服务的某一方面表示关注时，公司向他们表达的关注、理解及同情。同理心涉及员工如何对待顾客，以及它们乐于提供的个人化服务。员工能够善解人意、悉心而体贴，并愿意帮助他人解决问题，在满足顾客需要方面会大有帮助。

例如，假如员工能为丢失行李的顾客迅速解决没有衣服和个人用品替换等问题，并找到丢失的行李的话，顾客会感到非常满意。

反应能力

反应能力指一间公司在向顾客提供产品、服务或信息时的速度、效率及能力。

例如，一位酒店顾客投诉电视机无法收看，当然不希望修理时间长达数日；顾客亦不希望客房餐饮服务需要花几小时才完成。

20个指标检测自身服务是否合格

1. 服务人员对顾客是热情殷勤，还是懒散怠慢？

2. 服务人员对顾客是否体贴入微，连细节都设想周到？

3. 服务人员的服务态度是否亲切有礼，真正做到以客户为中心？

4. 服务人员是否有耐心，不厌其烦地解答客户疑问？

5. 服务人员的专业是否足以解决客户的问题？

6. 服务人员是只顾着推销产品，还是能设身处地了解客户需求？

7. 服务人员的沟通技巧如何，能否运用言简意赅的简报技巧介绍公司的产品与服务？

8. 服务人员是否懂得如何“聆听”，能抓住客户的需求，不浪费客户的时间？

9. 对于公司产品，服务人员的了解程度有多少，能否就客户需求“对症下药”？

10. 服务的环境与设备是否干净舒适，服务人员的仪容是否整洁？

11. 提供服务的地点是交通便利还是位置偏僻？

12. 是否能随时提供服务，不论深夜或清晨，不分假日或工作日？

13. 对于客户提出的意见或申诉，反应速度有多快？

14. 能否信守承诺的交货期，提供不缩水的服务？

15. 客户情况各不相同，服务人员是否被授权在一定程度内可以弹性调整价格或服务？

16. 售后服务是否完善，是不是付完钱就不认人？

17. 服务是否有一致性，不会因为服务人员的不同而出现明显的差别？

18. 是否“看人下菜碟”，对客户有差别待遇？

19. 服务环境与设备是否安全？

20. 服务人员的品德操守是否可信赖？

10 种类型顾客的应对策略

挑剔型

遇到爱精挑细选的顾客，要有高度的耐心，不可催促顾客赶快做决定。

急性型

遇到个性急躁的顾客，反应要伶俐机敏，动作要干脆利落，不要让顾客等待太久。

沉默型

面对不善于表达需求的顾客，要有技巧地引导他们回答，并从他们的表情与动作察知其真实需求，提供合适的服务。

爱聊型

遇到爱聊天、话匣子打开就天南地北说个不停的顾客，要耐心聆听，不要随便插嘴，等适当时机再将话题拉回正题。

行家型

对于爱炫耀自己有多内行的顾客，要懂得适度赞美。

霸道型

遇到态度傲慢、出言不逊的顾客，要用双倍的诚恳，好言相待。

猜疑型

对于凡事都抱着怀疑态度、不肯轻易相信别人的顾客，必须提出明确的理由与根据，就顾客的疑点做出具体说明，才容易赢得认同。

优柔寡断型

对于举棋不定的顾客，必须主动给出建议，帮助顾客做决定。

主见型

面对喜欢坚持己见的顾客，最好能顺着对方的想法，不要随便给建议，除非很有把握能说服对方。

知性型

对于思路清晰、爱追根究底的顾客，在解说时要有条不紊、脉络分明，没有明确根据的话不要说，这样才能获得顾客的信任。

10 个方法让员工面对投诉不再恐慌

保持冷静

即使面对不礼貌的客人，也要保持冷静，用正确的态度处理遇到的问题。

正面态度

不要忽略投诉。

不要收起投诉。

不要反应过分偏激。

不要认为投诉是针对个人。

积极聆听

从客人那里收集资料（寻找事实），这些资料将为我们提供线索，帮助我们解决问题。时刻保持与顾客的眼神接触及点头是有效的方法。

重复事实

及时地重复、总结客人所说的话，一方面可验证所记录的内容是否正确，另一方面能给客人营造出你站在客人角度思考问题的心理效果。

评估投诉

根据收集到的数据，评估客人的投诉是否合理。

做出决定

当我们根据收集的信息确定了投诉是否合理后，要决定采取什么样的措施。

提出建议

向客人提出我们的方案或建议。

跟进服务

如果第一次提出的建议或方案不被客人接受，不要着急，仔细思考客人的诉求，然后提出其他方法，并向客人解释自己所做的努力。

真诚致谢

客人提出的投诉和意见是改进服务的依据，所以在问题处理完以后应当向客人表示感谢。

保持礼貌

在整个处理过程中，应尽最大努力维持礼貌的态度。称呼客人的名字是有效且恰当的做法。

10 种姿态让顾客成为忠实的回头客

当顾客提出超出常规的难题时，把它当成一个机会

很多时候，顾客提出的“难题”，往往意味着一个空白的市场需求。酒店业洗衣服务的出现，就是因为有顾客对酒店提出了“住宿”之外的需求。同理，超出常规的服务也会给顾客留下超出常规的印象。比如我们前面提到的洛阳克丽司汀酒店，就以能满足客人超常规的服务而知名。有时候客人半夜想吃一碗本地特色的面，他们也会派员工去给客人买过来。

不要害怕公开承认错误

有时候服务出错了，我们本能的反应都是要掩盖错误，尽量将错误影响减到最小。但如果换一个角度考虑，错误也是一个打造正

面形象的机会。要知道，一次成功的客服补救产生的影响可以比一般广告大 20 倍。如果选择私下解决，就浪费了一次公开透明地赢得客户信任的机会。

高层出面与顾客直接互动

高层的直接介入会让顾客产生自己是 VIP（贵宾）的感觉，觉得自己受到了足够的重视。就像航空公司对积累到一定里程的顾客，会提供与机长交谈的机会。尤其是在服务出错需要补救的时候，高层出面更容易让顾客留下深刻印象。

如果要给顾客优惠，就要让其惊喜

给顾客一定的优惠，是赢得其好感的重要方式。尤其是在自己犯错的时候，打折、免单往往是赢回顾客信任的最有效的办法。但这时切忌小气，否则不仅不能赢回顾客的好感，反而会让顾客心里更加憋屈，认为商家一直在斤斤计较地计算成本，而不是把顾客体验放在首位。

让顾客变得更好，而不是让他多消费

以服装业为例。在有些店，顾客前脚才刚踏进店门，店员马上就上来盯着，开始推销介绍商品。在销售的时候也习惯“强塞”一些东西给顾客，希望顾客多买走两件衣服，这样销售业绩会更好。这种方式会让顾客有被“强迫”的感觉，非常不自在。有些顾客第一次可能碍于面子接受了，但当他的朋友说，这件衣服并不适合他的时候，他就会立即觉得被欺骗了，再也不会上门。让顾客变得更美，成为顾客的造型师，才是长久之计。

比顾客更在乎他在乎的

当顾客在乎某种体验或服务，如果自己比他们更在乎，就容易收获极大的信任。以修车业为例，很多车主很珍惜自己的车子，而且在车子上是愿意消费的，他们最在意的是自己的车是否被慎重对待。服务令人满意了，再高的价格也没问题；但顾客不满意，就算再便宜也会被嫌弃。

主动寻找并解决问题

在不满的顾客当中，仅有 4% 的人会提出投诉，96% 的顾客则选择不予置评。必须清楚我们所做的工作是否出色，如有问题应迅速做出反应。我们的最终目标是在顾客投诉之前尽力解决问题。最好的方法就是直接查询顾客对自己服务的评价。

展示竞争优势

提供一些顾客意想不到的服务，使顾客深信自己选择的正确性。让他们了解公司的与众不同，以及出类拔萃的原因。例如，许多国际性连锁酒店会向已离开的顾客发送电子邮件以示谢意，且为他们提供特别的优惠，邀请他们再度光顾。

主动提高顾客的要求

如果顾客认为竞争对手提供的产品或服务并未达到我们的水平，他们将更加坚信与你交易是正确的。竞争对手抢走顾客的唯一途径，就是达到或超越我们的产品或服务质量。

给予顾客关怀，像朋友一样与顾客促膝交谈

熟记顾客的姓名与面孔，并在交谈过程中了解其兴趣嗜好、家庭成员甚至生日等，记录在顾客数据卡中，就像交朋友一样，有任何合适的折扣优惠、活动信息，都可以跟熟客分享。

简单一句话也能和顾客建立关系，比如在收银时询问一句“菜合不合胃口”。日本有一个“餐厅服务生大赏”，挑选出服务最优秀的王牌店员，很多获赏者认为自己的秘诀就是从这种最简单的对话开始，进一步经营关系，积累熟客。

10 个策略优化服务流程

现场修正

对于服务中出现的问题，大部分企业的做法是事后总结，以会议或领导单独训话的方式，告诉员工哪里做得有问题。这是考虑到要避免不良的影响。但如果管理人员不能当时当地提出修正意见，很多时候，这个细节就会被忽略。所以应在不影响客户体验的情况下，尽量即时对员工指出问题所在。在具体的场景里，员工的印象也会更深刻。

跟进执行

我在新加坡云鼎集团工作的时候，学到的第一个词组就是“跟进执行”（follow up），所有布置下去的事都不能无疾而终。相同原因的客户投诉，绝不容许发生第二次，必须剑及履及地改善。

比如说，总经理在巡视的时候指出，在每个水杯里多加一片柠檬，柠檬味道才足够，那么值班经理就要把这个规定遵照执行下去，第二天所有员工都要知道，今后水杯里要多加一片柠檬，使其变成服务流程和标准的一部分。如果总经理一周后发现这个规定没有被执行，那么值班经理就要受到处罚。

关键事件

用统计问卷来调查顾客对各项服务的满意度是常用的做法。但统计结果只是一个抽象数字，并不能为如何改进服务提供任何具体信息。况且统计数据是个平均值，例如甲客户对服务“极满意”，乙客户“极不满意”，平均结果是顾客认为服务质量“普通”，很容易让企业误以为自己还算及格，而忽略应处理乙客户的不满。

“关键事件调查法”与统计问卷调查不同的是，要求顾客具体指出服务有哪些优缺点，例如“请描述两项令你最惊喜的服务”“请描述两项最糟糕的服务”，这样就不会错过任何顾客的意见了。

重要指数

在做客户反馈调查的时候，除了收集顾客对服务质量的评分，也应同时对该项服务的重要性打分。比如有些服务项目顾客很赞赏其质量，但却觉得可有可无，这说明我们服务过头了，应该把资源调配到顾客非常在意但我们的服务表现却不够好的项目上。

神秘访客

肯德基、麦当劳等企业，都有所谓的“神秘访客”制度，由公司稽查人员假扮成顾客，到各门店考察服务质量，不让门店人员识破身份。也有些公司会利用售后服务电话，抽查顾客对服务的满意度。总之，与其被动等顾客上门投诉，不如主动进行满意度调查。

制定指标

即使服务不像生产制造那么容易量化管理，但还是要制定基本的数量指标，对各服务项目的日常管理和服务环节明确质量标准，制定工作规范和工作程序，使员工的服务有章可循。

例如顾客排队等候超过 10 分钟怎么办，电话铃响几声内必须接听，收到客户电子邮件必须多少小时内回复等，都需要制定相应标准。

标准简化

系统设计越简洁、标准程序越清晰，就越容易运作，越容易看清结果，收获越显而易见。所以最好能合理运用相关技术，把任务及流程标准化、简化，以达到顾客期望的目标，并制定正式方案，以衡量及评估成绩。

明确纪律

以销售人员为例，工作时相互聊天嬉笑，打不必要的私人电话，置顾客于不顾，或在销售柜台吃东西、趴着睡觉，都是应绝对禁止的。平常最好提早几分钟到勤，开店营业时就能从容不迫；如因特殊情况要迟到应说明情况，早退或请假一定要提早告知，安排后备人手，以免影响服务质量。

适度解释

任何服务流程的优化都需要人来执行，所以员工的主动性是非常重要的。除命令式、计划式地让员工遵守流程、规范之外，还应尽量向员工解释清楚，公司为什么制定这些标准和流程。让员工理解，这些要求不是针对任何人的，而是为了更好地做事，让员工知道他们的努力与服务的效果是有直接关系的，他们的努力可以让公司变得更好。

定期复盘

管理团队的态度是对企业的服务文化影响最大的因素之一。如果管理层能够提高对优化服务的重视程度，定期带领员工进行总结、复盘，服务就更容易内化为企业文化的一部分。

10 个应当遵守的电话沟通原则

1. 当你在工作时间接听电话时，就是代表公司。

2. 接听电话时，千万不要只说“喂”，应说出自己的名字、公司名称，并询问致电一方需要什么帮助。

3. 每次都需要缓慢并清晰地说出公司的名字。

4. 时刻都要准备纸和笔。

5. 记录留言。

6. 用语礼貌得体。

7. 若需要转接来电，千万不要在有关人士仍在与其他人交谈时打断他，应该请致电一方留言，并告诉他有关人士稍后会回电。

8. 必须时刻集中精神聆听对方的诉求。

9. 接听电话时，不要吃东西。

10. 接听电话时，应该保持微笑。

20 个技巧让员工快速提升沟通能力

1. 面带微笑。

2. 说话的时候注意与顾客的眼神接触。

3. 概括、复述顾客所提出的要求。

4. 主动询问："有什么可以帮助您的？"

5. 记住客户的名字。

6. 使用鼓励性的身体语言，包括点头等，与顾客进行沟通。

7. 适时赞美，比如顾客对某项商品或服务有兴趣时，可以称赞说："您真的很有眼光，这个真的很不错！"

8. 当顾客有误会时，即便错不在己，也应先道歉："对不起，是我没说明清楚才造成……"将其视为自己的责任。

9. 请同事扮演顾客，提出各种问题进行演练。

10. 顾客经常询问的"疑难杂症"，其实并不多，可以系统地整理成经常问到的问题（frequently asked questions，FAQ），预先备妥完善的回应，以便日后工作更加得心应手。

11. 除了提出相关的开放性问题，不打断顾客的谈话。

12. 避免在沟通时来回晃动或显得坐立不安。

13. 避免用疲劳的声音和冷淡的语气，应用开朗有朝气的语调回答顾客提问。

14. 避免用生涩的技术名词，越直白越好。

15. 避免替顾客做决定。

16. 避免露出消极的表情，尤其是在客人提出的要求比较频繁时，例如服装店里客人想多试穿几次的时候。

17. 避免语速过快，以免让顾客理解有误或产生紧张感。

18. 不要与投诉的顾客进行争论或辩论，要承认问题已经发生和存在的事实，并尽量站在顾客的角度来考虑问题。

19. 避免在与客人沟通的时候与另一位客人或上级讲话。

20. 避免使用否定句，比如顾客询问："有没有 ×× 商品？"即使没有也不要直接这样说，让顾客有吃闭门羹的感觉，不妨改成："我们这里有 ×× 商品，也一样好用，您要不要试一试？"

20 个服务人员不应出现的身体动作

动作	顾客感觉到的信号
1. 快速地行走	焦躁
2. 双手叉腰站立	挑衅
3. 双腿交叉坐着，脚轻微地摇摆	犹豫不决
4. 双腿分开坐着	愤怒、沮丧、焦虑
5. 拉扯耳朵	缺乏自信、不安
6. 双手插袋、弯起肩膀行走	不耐烦
7. 单手托腮	厌倦
8. 咬手指甲	紧张
9. 揉眼睛	厌倦
10. 双手扣于背后	受挫折
11. 双手抱在胸前	防备
12. 双手互相摩擦	不安、紧张

（续表）

动作	顾客感觉到的信号
13. 双手抱头，两腿交叉坐着	戒心
14. 打开手掌	衡量、思考
15. 双眼紧闭，捏揉鼻梁	高傲
16. 手指轻敲物件	怀疑
17. 抚摸 / 玩弄头发	拒绝、怀疑、说谎
18. 跷二郎腿	傲慢
19. 抚摸下巴	准备就绪、挑衅
20. 转过脸，眼睛向下看	怀疑、不信任

10 个策略让员工主动参与培训

随时随地开展培训

很多老板或职业经理人习惯把培训当成一项任务，或者当成一个项目来做，要选择固定的培训时间，投入固定的培训经费，训练安排还往往会影响员工的休息时间。员工最讨厌的就是连续安排周六、周日两天的培训课程，因为周末连休闲的时间都没有了。

所以，培训要有计划，但不必死板。尤其是对一线服务业来说，随时指出员工的操作错误或不规范之处，就是培训——而且是最直接、见效最快的培训。这其实是对管理者提出了更高的要求，要不厌其烦地将自己的一部分精力投入到这里面来。

尊重员工的意愿

很多企业的培训都是由上而下的、命令式的，对于培训的内容、周期、时间安排等，往往不征求员工的意见。员工难免会产生不满，因为这样的培训就像是被动地接受了一项任务，与工作无异。而且他们也能感觉到，上级只是抱着完成任务的心态在做培训，根本不在乎培训的结果，动力自然就不够。

妥善地安排受训时间，适度询问员工意见是必须要进行的沟通。若要连续两天培训，周五加周六或许是个双方可接受的方案。

让员工了解培训的目的

需要让所有员工意识到，通过培训自己能够提供优质服务、改善产品、满足甚至超越顾客需要、活用资源，以及获得奖励。非常重要的是，确保员工明白自己需要发挥的作用，而他们认为自己该做什么与期望他们承担的职责并不冲突。

分享式、互动式而非灌输式的培训

由管理人员、“外脑”自上而下机械地向员工灌输理论和知识，往往不能取得好的培训效果。这跟“填鸭式教学”是一样的道理。“讲座式”的培训，能让员工在座位上坚持半小时就很不错了。

因此，不如转变思路，激励员工主动分享知识，以“自下而上”的方式学习，让员工也参与到培训中来，“现身说法”。通过制度的设计让员工愿意主动争取受训的机会，而非被动地被派训。对某一方面有专长的员工，也可适当训练，使其成为这一领域的培训师，为相关人员进行培训。这样的培训师因为对企业和工作非常了解，讲课内容针对性和实用性都很强。比起只是上缴培训心得的做法，这样更能促进员工在培训期间认真听讲、吸收新知。

为员工创造随时演练的机会

传统的培训方式以知识输送为主，如果不能立即学以致用，很快就会忘掉，对工作也起不到促进作用，所以员工积极性不高。要给学员创造练习、试验的机会和空间，以便随时学以致用，包括与同事进行演练等，而管理人员或培训人员要同时给予指导。

运用新技术，将培训变成“终身学习”

以顺丰速运的培训体系为例。他们开发了一套针对快递行业的课程体系，并建立了移动互联网平台，员工可以随时随地免费学习。顺丰的员工都很忙，但可利用上班、下班、睡前的时间，选择自己需要、感兴趣的课程，几分钟就能学完一门课程，简单、便捷、主动，员工一用就喜欢。

尽量因材施教，创造个性化的培训方案

不同岗位、不同性格的员工有不同的特点，尤其是关键岗位、关键技能员工，应该给予特殊的对待，避免一刀切式的培训。出于成本考虑，100% 的因材施教肯定是做不到的，但企业管理层在设计培训方案时应当考虑到这一因素，并向这个方向靠拢。

适度游戏化，避免让员工感到尴尬

针对传统培训形式单调、内容枯燥的缺点，近几年游戏化的培训形式很受欢迎，这本是一件好事，但很多企业做得太过了，反而导致培训过于形式化，员工学不到真正的技能。更有些培训课程，几乎变成了大学生军训，像对待小朋友一样让大家做游戏，让不善社交或真想学东西的员工感到尴尬，这样同样背离了培训的初衷。

与升迁、绩效结合

将培训成绩与升迁、绩效结合，是鼓励员工参加培训的重要方法之一。这样做除了可以让员工重视培训，更重要的是表明企业和管理层的态度，即对培训是重视的、愿意投入成本的，这样也会引导员工的心态发生变化。

让认真对待培训的员工感受到荣誉感

让员工培训的成果与表现可以被看到，让训练成为一种荣誉的象征。荣誉是所有人都追求的一种心理需要，所以应该充分尊重这种需求，对取得优异成绩的员工不吝赞美与奖励。

10 个应避免的团建方案

“打鸡血”式的团建

比如让员工高喊“好，很好，非常好”等，尤其是在公众场合，只会让员工感到尴尬。

在团建中强行塞入口号式的企业文化培训

比如强行让员工在口头上“承认”自己拥护企业、拥护企业的文化，“公司是我家”之类。

千篇一律的聚餐、唱歌

聚餐、唱歌已经成为团建中最大的流俗活动之一，这跟真正的企业文化没有任何关系。

郊游式的户外活动

让一群成年人像小学生一样，在根本不需要协作的户外练习“团队协作”，并美其名曰“户外拓展”，只能徒增尴尬。

在团建中加入时间过长的领导讲话

在团队活动中强行塞入一些领导的讲话或宣言，到底是为了服务团队还是服务领导呢？

把团建与员工福利夹杂到一起

比如旅游这种比较普遍的公司福利，本身是对员工比较有吸引力的，但有的企业喜欢在旅游等福利活动中“夹带私货”，做团队拓展训练等，容易让员工心里产生不平衡感，还不如让大家放开了玩，玩个尽兴。

团建活动过于频繁

有些企业一到周末就要团建，把团建变成了一项任务，给员工造成了很大的心理压力，占用了员工的合理休息时间。

必须表演节目的团建

很多企业在团建或是年会的时候会强制要求员工表演节目，给很多不善于在大众面前表现的员工造成了压力。

规模太大的集体活动

很多有一定规模的企业，动辄组织几十上百人的集体活动，导致至少有四分之一的员工完全无法融入活动中，只能自己默默地在一旁玩手机。

把年会当团建

很多企业平时不注重团建工作，一到年会期间就开动脑筋，希望毕其功于一役，这种方式明显是达不到效果的。

10 个策略让团建真正发挥作用

共同完成一个非业务项目

有时候，跨部门地组建一个非业务项目小组比单纯的聚餐等活动更能拉近同事之间的关系。比如办公室要重新装修布置，我们可以选择让行政部门、采购部门去处理，也可以让所有使用办公室的成员共同讨论他们想要的风格，然后组成一个项目小组来负责，思考策略、制订方案并执行。这样可以让大家在业务之外非竞争性地相互合作、磨合。

组织一场超越日常生活范畴的活动

现在，太多的团建内容停滞在吃喝玩乐的范畴，对员工的精神、思想起不到任何提升作用。如果企业能够为员工提供一些超越日常生活范围的机遇，往往能够引起比较大的反响。比如振华重工的前总裁管彤贤，曾带领着一批在码头工作的蓝领工人去听世界三大男高音之一的帕瓦罗蒂的演唱会，为他们打开了一扇精神世界的大门。

合理地为员工赋权

在服务业，面对形形色色的顾客，服务人员需要一定程度的弹性授权，比如为赶时间的重要客户提供破例的方便，或是给爱计较的客户打折或赠送赠品等，让顾客心满意足。这就需要员工的权限有灵活变动的空间。

更重要的是，一定的权力空间可以让员工有“主人翁”精神，认为自己被信任、被尊重。

允许员工在业务框架内追求自己的爱好

谷歌公司规定员工要至少投入 20% 的时间去做“自认为最有益于谷歌的事”。这些由兴趣爱好而来的项目催生了优秀的谷歌产品，如谷歌邮箱和广告联盟，但其最大的作用是培养了高度专注的谷歌员工。才能出众的员工往往满怀热忱，让这些员工有机会追求自己的爱好，可以提高他们的工作效率和对工作的满意度。

很多管理者习惯把员工的工作范围限制在一个小空间里。这类管理者认为，如果让员工扩大注意力范围，追求自己的兴趣爱好，他们的效率就会降低。这种担忧纯属多余。研究表明，如果员工能够在工作中追求自己的爱好，其大脑会一直处于兴奋状态，而此时的效率是正常效率的 5 倍。

由管理者为员工做“心理按摩”

超过半数员工的离职原因是与上司关系不佳。聪明的公司会确保其管理者懂得如何做到既专业又不乏人情味。这类管理者会为员工取得的成功感到自豪，理解员工的难处，同时也会让员工接受各种挑战，哪怕这个过程很痛苦。如果老板从不真正关心员工，那么其手下的人员流动性就会比较高。没有人愿意将每天的 8 个多小时奉献给只知发号施令、只关心业绩的老板。

带有目的性地设计团建方案

很多团建方案都是为团建而团建，没有深入思考团建与企业发展的关系。最成功的团建活动会明确地与参与者的工作相联系，而且参与者能理解在活动中培养出的技巧如何转化为工作中的习惯。为了实现这一点，每一次团建都必须进行战略性的设计，要有明确的目标。

内部知识分享，将团建与培训结合起来

避免让团建流于形式，可搭建一个周期性的内部员工知识分享平台，而且不限部门、岗位。这种交叉性的分享一方面可以从外部视角对部门、岗位进行审视，让员工接收另一个视角的信息；另一方面也可以让大家知道其他部门的同事在做什么，以及他们做事的逻辑，这样更能促进日常工作的协作。

开展头脑风暴，让员工提议团建内容与形式

团建不应该只是管理者的工作，而应该是与所有员工相关的。团建方案内容、形式的设计本身就是团建的重要一环。让全员参与进来，才能避免命令式、行政式的形式主义团建方案。

设计奖励机制

团建需要企业付出成本，对员工来说也是一样。为了促进员工对团建的积极性，可以在团建中设立奖励机制，奖励对团建起到推动作用，比如提供更好创意的员工。这样可以更好地调动全员积极性，也表示出企业重视团建工作，舍得投入。

共同讨论、总结企业文化与价值观

团建的核心目的是梳理、形成一个企业的团队协作原则、流程和方法，是与企业文化紧密相关的、实实在在的东西。没有有效的团建，企业文化就容易沦为口号、宣言，内化不到员工的做事方式中。所以团建的重要一环，就是全员参与讨论、总结企业文化，而且必须是与工作实际相关的，不是对空论空的口号整理。

10 句话让员工感受到关怀

1. 你太棒了！
2. 我们一起想想办法吧。
3. 走出第一步，你就不慌了。
4. 我了解你的委屈。
5. 别着急，慢慢来。
6. 有失误，才能学习，才能进步。
7. 有什么为难的地方，来找我。
8. 失败了，我们一起承担责任。
9. 如果你有不开心的地方，告诉我。
10. 让我们一起努力吧！